A educação do querer

Dados Internacionais de Catalogação na Publicação (CIP)
(Câmara Brasileira do Livro, SP, Brasil)

Di Nizo, Renata
A educação do querer : ferramentas para o autoconhecimento e a auto-expressão / Renata Di Nizo. – São Paulo : Ágora, 2007.

Bibliografia.
ISBN 978-85-7183-028-8

1. Aprendizagem 2. Autoconhecimento – Teoria 3. Comunicação intrapessoal 4. Comunicação não-verbal 5. Comunicação verbal I. Título

07-1368   CDD-153.15

Índice para catálogo sistemático:
1. Aprendizagem : Comunicação intrapessoal : Psicologia   153.15

Compre em lugar de fotocopiar.
Cada real que você dá por um livro recompensa seus autores
e os convida a produzir mais sobre o tema;
incentiva seus editores a encomendar, traduzir e publicar
outras obras sobre o assunto;
e paga aos livreiros por estocar e levar até você livros
para a sua informação e o seu entretenimento.
Cada real que você dá pela fotocópia não autorizada de um livro
financia o crime
e ajuda a matar a produção intelectual de seu país.

Renata Di Nizo

A educação do querer

Ferramentas para o autoconhecimento e a auto-expressão

EDITORA
ÁGORA

A EDUCAÇÃO DO QUERER
Ferramentas para o autoconhecimento e a auto-expressão
Copyright ©2007 by Renata Di Nizo
Direitos desta edição reservados por Summus Editorial

Diretora editorial: **Edith M. Elek**
Editora executiva: **Soraia Bini Cury**
Assistentes editoriais: **Bibiana Leme e Martha Lopes**
Capa: **Antonio Kehl**
Projeto gráfico e diagramação: **Crayon Editorial**
Fotolitos: **ERJ Composição Editorial**

Editora Ágora
Departamento editorial:
Rua Itapicuru, 613 – 7º andar
05006-000 – São Paulo – SP
Fone: (11) 3872-3322
Fax: (11) 3872-7476
http://www.editoraagora.com.br
e-mail: agora@editoraagora.com.br

Atendimento ao consumidor:
Summus Editorial
Fone: (11) 3865-9890

Vendas por atacado:
Fone: (11) 3873-8638
Fax: (11) 3873-7085
e-mail: vendas@summus.com.br
Impresso no Brasil

Dedico esta obra ao meu velho e querido
Padre Elisio, que até hoje me faz sentir
como se eu ainda vestisse aquele véu
rendado, menina enamorada de Deus e
da vida. Ele é e será o grande incentivador
deste e de muitos livros que virão.

Agradecimentos

CORRERIA O RISCO de cansar meus leitores se falasse de todas as pessoas que foram direta ou indiretamente responsáveis por esta obra. Algumas partilharam comigo a mesma profissão de fé. A essas eu quero agradecer.

Aos alunos e parceiros da **Casa da Comunicação**, que me incendeiam de esperança.

Ao meu fiel amigo DR. ROBERTO QUASS, presente nas horas mais difíceis.

A VANESSA GOBBI, a quem agradeço por beliscar e fazer cócegas no meu coração, aquietando-me, ajoelhada tantas vezes no mesmo altar da vida.

Ao PROFESSOR GUIMARÃES, pela paciência e contribuição contínuas.

Ao meu grande companheiro, LUIS OLIVEIRA LIMA, que sempre se manteve ao meu lado com a força peculiar dos homens que já nasceram sábios.

A REGINA JUNQUEIRA, parceira de todas as horas, que tanto alegra minha vida.

A MYRIAN ALICE SAMPAIO, pelo apoio permanente e, sobretudo, pelo *cappuccino* ao entardecer.

A MARISA BIANCO, que nos delicia com sua ternura.

AO DADÁ, pelo crescimento inspirador.

A IVANEIDE MENDES DA SILVA, com seu exemplo
de guerreira, sempre comigo.

A SANDRA PEREZ, que me ensina até hoje
com afeto e amizade incondicionais.

À minha amada ZULMA REYO, que me ensinou tanto,
deixando um legado de responsabilidade compartilhada.

A LAURA QUEIROZ, pela confiança depositada
na minha profissão de fé.

A CRISTINA ANTUNES, por me ajudar com paciência
e por apontar meu jardim da criatividade,
ensinando-me que eu já sabia escrever.

Em especial, quero agradecer ao meu velho amigo MUSTAFÁ
YAZBECK pelo incentivo e pelas leituras dos meus rascunhos.

À professora SHIRLEY MAIA ASSALI pelo exemplo de amor às
palavras, sempre presente como fonte de inspiração.

Sobretudo, agradeço à minha editora EDITH ELEK,
por apostar no meu propósito de vida e me acolher
na minha própria educação do querer.

Esses homens e mulheres formam comigo muitas constelações
que eu desenho no céu a todos os homens de boa vontade...

Sumário

Prefácio · 11
Introdução · 13

CAPÍTULO I
A EDUCAÇÃO DA ATENÇÃO

Seja inteiro no mínimo que fizer · · · · · · · · · · · · 22
Os filtros da atenção · · · · · · · · · · · · · · · · · 25
As formas de inteligência e de percepção múltiplas · · · · 31
Graus de distração · · · · · · · · · · · · · · · · · 34
O treinamento da atenção · · · · · · · · · · · · · · 37
A motivação da mente · · · · · · · · · · · · · · · · 40
Cérebro aprendiz · · · · · · · · · · · · · · · · · · 48
A autonomia responsável · · · · · · · · · · · · · · · 52
Dicas e exercícios para educar a atenção · · · · · · · · 54

CAPÍTULO II
A EDUCAÇÃO DA VONTADE

Tecelagem íntima · · · · · · · · · · · · · · · · · · · 66
Mentes que pensam e mentes que sentem · · · · · · · · 70
Gramática da razão · · · · · · · · · · · · · · · · · · 71
O armazém da emoção · · · · · · · · · · · · · · · · 76
Gatilho da memória · · · · · · · · · · · · · · · · · 79
O querer · 81
Estruturando o próprio querer · · · · · · · · · · · · · 83
Investigando a dinâmica dos estados de ânimo · · · · · · 87
Conquistando a honestidade emocional · · · · · · · · · 89
Desenvolvendo a aptidão emocional · · · · · · · · · · 91
Pergunta 24 horas · · · · · · · · · · · · · · · · · · 93

Ginástica emocional · · · · · · · · · · · · · · · · · · · 95
O equilíbrio é a melhor medida · · · · · · · · · · · · · 98
Reconheça suas qualidades · · · · · · · · · · · · · · · 99
Aprenda a dar e a receber · · · · · · · · · · · · · · · 100

CAPÍTULO III
A EDUCAÇÃO DO CORPO

Biblioteca orgânica · · · · · · · · · · · · · · · · · · · 104
O corpo pulsante · 106
Nutrição · 108
Organize o próprio acolhimento · · · · · · · · · · · · 112
Diálogo corporal · 113
O corpo que pensa e sente · · · · · · · · · · · · · · · 118
Corpo inteligente · 122
Respirar é preciso · 124
Introspecção postural · · · · · · · · · · · · · · · · · · 125
Frigir dos ovos · 127

CAPÍTULO IV
A EDUCAÇÃO DA COMUNICAÇÃO INTRAPESSOAL

Autoconhecimento · · · · · · · · · · · · · · · · · · · 134
Um tempo para cada coisa · · · · · · · · · · · · · · · 135
Educar-se por meio da introspecção · · · · · · · · · · 137
Reflexão · 139
Comprometimento · · · · · · · · · · · · · · · · · · · 143

Referências bibliográficas · · · · · · · · · · · · · · · 147

Prefácio

O QUE SIGNIFICA QUERER? É se conhecer, se questionar, escolher, fazer, mudar. Responsabilizar-se pela própria essência e história. Renata Di Nizo sempre quis assumir as rédeas da sua vida. Atriz habilitada pela Escola Superior de Arte Dramática de Barcelona, formada pela Universidade Toulouse, na França, ela viveu doze anos na Europa pesquisando e trabalhando em projetos de criatividade e expressão. De volta ao Brasil, fundou a Casa da Comunicação, empresa que faz treinamento e ministra cursos nas áreas de comunicação oral e escrita, foco, aptidões gerenciais, liderança e criatividade.

Para a autora, o desejo bem dirigido e administrado traz realizações, bem-estar, felicidade. O cerne do desenvolvimento pessoal está na resposta à pergunta: que vida eu quero ter? Uma existência significativa depende da gestão de si mesmo, de encontrar sua razão de ser. Ou seja, uma vida melhor, com mais qualidade, em todos os sentidos. É essa capacidade de domar e transformar o "querer", tantas vezes abandonado e esquecido em uma gaveta de emoções, que Renata Di Nizo encoraja em *A educação do querer*.

Em plena era da informação, tempo em que estímulos muitas vezes inúteis jorram sem cessar, e que a mente e o coração correm o risco de se anestesiar diante de tamanha massa de idéias, Renata nos convida sabiamente a separar o joio do trigo, responsabilizar-nos por nossas escolhas, focar e, sim, fazer. No livro, aprendemos que o querer mal-educado não tem serventia, porque se liquefaz no infrutífero turbilhão de mensagens sem sentido e vai parar num daqueles compartimentos empoeirados. Fica apenas mais um querer.

Sua obra mostra a importância de se trabalhar de dentro para fora, exercitando a chamada comunicação intrapessoal. E é nesse processo que entram valores como a disciplina, o autoconhecimento e a autopercepção. Renata Di Nizo propõe, com sua coragem e energia peculiares, uma bela tonificação na musculatura interna emocional e mental. Exatamente o oposto que o mundo hoje nos incita, ele que só impõe atributos externos – e, por isso mesmo, inalcançáveis. Ela não dá receitas nem respostas prontas, mas enseja reflexões que estimulam a observação de si mesmo. O que é muito melhor, porque factível.

O leitor que, depois de mergulhar nas páginas de *A educação do querer*, quiser saber um pouco mais sobre as idéias de Renata, dê por favor um pulinho ao delicioso bairro do Bexiga, em São Paulo, onde fica a "Casa", como é conhecida a empresa. Uma vez ali, sentado no quintal sombreado de árvores centenárias, com uma xícara de café na mão, se encantará com o clima, com o astral, com as cores do lugar, e a ficha vai definitivamente cair. Ali estão refletidas a personalidade e a história de Renata, que, com criatividade, foco e muito bom humor, construiu um projeto que tem a ver com seus sonhos. Ali, o querer saiu da gaveta e virou verdade. Como exatamente propõe o seu livro. Boa leitura!

CHANTAL BRISSAC
Jornalista e editora da revista
Lugar do jornal *Folha de S.Paulo*.

Introdução

ESTE LIVRO É RESULTADO DIRETO DA MINHA FORMAÇÃO TEATRAL. Fui uma jovem amante do Teatro de Arena, a ponto de seguir os passos de Augusto Boal, como ouvinte livre na Universidade de Sorbonne, em Paris. Participei também de centenas de cursos até encontrar a Escola Superior de Teatro de Barcelona. Mas foi no Instituto de Ciências da Educação da Universidade Central, ainda em Barcelona, que comecei a desenvolver as primeiras pesquisas sobre a relação do teatro com a aprendizagem e da linguagem com a criatividade. Com outros educadores, fiquei muito interessada em fomentar metodologias arrojadas. Nosso foco sempre foi, por meio de atividades lúdicas e do embrionário conceito da transversalidade, tornar o aprender mais motivador e dinâmico. Criamos espaços de ação favorecendo o exercício das habilidades por meio da ampliação da reflexão e da aprendizagem compartilhada.

Além do teatro, tenho duas outras inspirações. Por um lado, os anos ao lado da terapeuta Zulma Reyo, procurando esmiuçar a dinâmica dos jogos de personalidade. Era a prática do pensar holístico e abstrato, desenvolvendo a compreensão das relações globais, a autopercepção e as dimensões sutis do comportamento humano. Estudávamos os conteúdos energéticos e suas seqüelas no corpo. A postura física retratava nossa atitude diante da vida. Tal como no teatro, era preciso desenvolver flexibilidade para as mudanças. Mas cada mudança precisava ser integral. Era necessário trabalho e conhecimento, mas um conhecimento que se torna parte de você.

Para concluir, reconheço a presença do padre Elisio de Oliveira Veio como um *iceberg*, trazendo recolhimento, con-

Introdução

fiança e paz com todas as expressões religiosas. Não fosse sua paciência, quem me teria contado a história de Jonas? Hesitava entre voltar para a Europa ou morar às margens do rio São Francisco. Vida de cigana é assim: você tem sempre a sensação de que precisa alcançar a linha do horizonte. Aí descobre que os grandes tesouros da vida estão dentro de você. O padre Elisio ria da minha teimosia. Ele sabia que a grande baleia brasileira já me havia tragado para que eu realizasse minha obra em prol da vida.

CASA DA COMUNICAÇÃO

Assim, nasceu a **Casa da Comunicação**, em São Paulo, no velho bairro do Bexiga. Uma equipe multidisciplinar de estudiosos, pesquisadores bem-humorados e amantes da vida. O foco de nossas atividades está na criatividade e na comunicação (consigo mesmo e com os demais). Motivamos, incessantemente, pessoas e equipes que buscam êxito no gerenciamento da própria vida. O objetivo é abrir-se ao mundo, investigando um diferencial expressivo, tornando o ato da fala e o da escrita intervenções voluntárias e transformadoras.

Nossa grande ousadia transdisciplinar é falar de temas vitais sem sermos especialistas. A proposta não é sugerir um compêndio de regras gramaticais ou de técnicas de oratória. Antes mesmo de se preocupar em concatenar ou ordenar as idéias, é preciso entender a relação da linguagem e da criatividade, bem como dos demais aspectos que configuram o jeito de cada um apreender e perceber a realidade imediata.

Este livro é fruto do trabalho desenvolvido na **Casa da Comunicação**. Algumas pessoas queriam saber o porquê do cunho educativo e lúdico das atividades. O intuito é que

Introdução

cada indivíduo, de forma paciente e minuciosa, construa um sistema pessoal de aprendizagem adequado ao seu processo de individuação. Enquanto a equipe transpira e ama o que faz, ele descobre a sua paixão. Enquanto ele aprende a aprender, a equipe se propõe a ensinar a aprender.

Leia o livro dialogando e confrontando minhas observações com sua prática transformadora. Só posso dividir a observadora que sou. Divido também o bálsamo que é inspirar e ser inspirada constantemente. Talvez por tanto desejar aprender, queira tanto ensinar. Tal como diria o filósofo alemão Heidegger (1973, p. 89): "Ensinar é mais difícil que aprender, porque ensinar é deixar aprender". E, mais adiante, complementa: "Aquele que verdadeiramente ensina não faz aprender outra coisa que não seja o aprender".

E por onde começar? Fiz algumas opções ao escrever. Os exemplos e depoimentos foram previamente autorizados, mas você observará que não há nomes. Optei por não citá-los nem criar pseudônimos fictícios em razão da natureza do nosso trabalho e em decorrência do meu profundo respeito às experiências compartilhadas conosco ao longo das vivências.

A fim de que esta obra atinja seu propósito, ela precisa ser objeto de reflexão e de experiência. O fio da meada está na maneira de observar, de interpretar e de perceber. Portanto, é fundamental conhecer a si mesmo. Ao mesmo tempo, somente ao administrar os estados de ânimo abre-se espaço para mudanças de atitudes. Ao transformar-se em observador de seus atos, partindo dessa expressão, você poderá inovar suas ações. Por isso, pretendo estimular a intervenção voluntária, mapeando e decodificando o processo de aprendizagem. O objetivo é que você descubra estratégias apropriadas para aprender. Afinal, o que é aprender a aprender ou saber aprender?

O foco central é a comunicação intrapessoal. A proposta é rever, passo a passo, a necessária educação da atenção, da vontade e do corpo – do não-verbal. Esses são os alicerces para que a inteligência intrapessoal se desenvolva. Somente o auto-conhecimento, por meio da autopercepção, permite-nos compreender e enriquecer a auto-expressão. Nada de fórmulas mágicas ou dependências! Nosso lema tem sido: trazer leveza e despertar o exercício do discernimento, contribuindo para que a pessoa se torne apta a lidar com processos de mudança, olhando tudo à sua volta como se fosse a primeira vez.

Até que ponto você reage adequadamente a novos desafios? Será que corresponde às exigências da vida prática? Onde vai parar a lógica em situações de emergência? Será que o aproveitamento do potencial mental depende da inteligência emocional? De que serve a inteligência racional quando não é expressa? Quanto vale um coração que não sente? Se algo em mim estiver morto ou adormecido, é porque não faz parte da minha expressão no mundo.

Seria bom ter o controle absoluto sobre as emoções, mas não podemos comandar a infinidade de sutilezas e de pensamentos sensíveis a tudo que nos rodeia. Às vezes seria preferível não sentir nenhuma dor, mas não se sabe de que maneira desorganizar a sentinela emocional que ofusca a lucidez e a clareza da nossa visão. Seria desejável, ainda, agir de forma coerente segundo nosso modo de enxergar a vida. Contudo, em muitas ocasiões, cada um de nós é tragado ora por um turbilhão de sensações desconexas, ora por alterações anímicas e, muitas vezes, por uma mente veloz que nos conduz à deriva por uma pista de choque.

Redimir a criatividade não basta. Afinal, pode-se criar tanto a guerra quanto a paz. É preciso saber *como* e de que maneira concretizar as idéias, planejando estratégias apropriadas à interação do homem na vida real (ciente do que está gerando a si mesmo e à sua volta). Além disso, a lógica necessita de parcerias com a determinação e a perseverança, de sensibilidade para compreender a relação global entre as partes e o todo. Entretanto, não basta um plano perfeito de ação, se não souber moderar as reações emocionais.

Considerava-se a inteligência emocional domínio restrito à psicologia. Hoje, sabe-se que se trata de uma aptidão básica para a vida. De fato, nenhum otimismo seria capaz de fazer um barco navegar no deserto, tampouco o conhecimento do mundo afastaria o medo ao se atravessar uma tempestade no mar. Alguns homens se atirariam; outros, furtivamente, fugiriam em botes salva-vidas; muitos se agarrariam ao mastro em desespero; uns quantos, talvez poucos, unificariam esforços, tornando-se valiosos guerreiros. Orientando-se, se acalmariam e, ainda, surpreenderiam pela conquista de um vasto horizonte de possibilidades. Então, o que define a capacidade de intervir no estado de coisas?

A inabilidade para lidar com o estado de ânimo pode ter sido registrada como uma profunda sonolência, uma atração incomensurável por qualquer tipo de distração. Ouve-se, desde cedo, falar da preguiça, mas nenhum de nós educou sua atenção nem aprendeu a estar atento ao mínimo que possa fazer. E de que maneira lidar com o excesso de estímulos sem administrar a própria atenção?

Que fatores determinam a motivação? É possível educar o querer e querer o próprio querer? Da mesma forma que é capaz de conhecer-se e comunicar-se, você se comunicará com os outros. Falar demais ou de menos define o modo de observar e de interpretar os fatos. Assim, tudo que disser, ou não, determina a forma pessoal de conversar, ou seja, de participar da vida.

De forma descontraída e bem-humorada, é possível reconhecer e entender nossa diversidade e singularidade. Expressar-se é interagir e aprender, é pensar e sentir, saber modificar-se e partilhar a aprendizagem, sobretudo compreender os outros como a si mesmo. Mas a base desse processo é o modo pelo qual você gerencia seus recursos. Por isso, conheça-se e faça a diferença com seu melhor.

TREINAMENTOS

Mais cedo ou mais tarde temos de nos confrontar com as evidências: as emoções afetam o desempenho e a capacidade de tomar decisões, tanto na vida pessoal quanto no trabalho. Portanto, o primeiro passo é administrar nossas potencialidades, sobretudo o bom humor. É preciso desenvolver uma percepção sincera dos pontos fortes e dos aspectos em que precisamos melhorar. Saber o que estamos sentindo e por quê. Desfrutar da nossa intuição e sabedoria.

É interessante que cada pessoa eduque sua atenção, aprendendo a identificar os fatores de dispersão. Ao mesmo tempo, é importante educar o querer, reconhecendo a natureza da motivação e buscando um sentido à própria vida. Assim, os treinamentos da **Casa da Comunicação** visam não apenas desenvolver uma mente focada e criativa, como também inspirar uma atitude de colaboração criativa.

Felizmente, o homem tem impulso para superar-se e derrotar seus inimigos, como a dor, o medo, a solidão, o estresse e a insatisfação. É disso que estamos carentes: caminhar em prol de uma vida mais significativa. O primeiro passo é ir ao encontro de nós mesmos, exercendo nossas possibilidades latentes. Por fim, a questão é entregar-nos à criatividade e compartilhar o bem-estar, assumindo a responsabilidade de desenharmos um destino comum para a humanidade.

A educação da atenção

Capítulo I

Seja inteiro no mínimo que fizer

ENTRE O AUTOR E O LEITOR PERSISTE A OBRA. Ela pretende estabelecer um diálogo, servindo de intermediária entre eles e a experiência. O que determinará a qualidade desse diálogo? De que adiantam a convenção e a precisão formal das palavras? Seria possível isentar-se de julgamentos? Além disso, sabemos que a emoção, o pensamento e o corpo determinarão o grau de disponibilidade para a leitura.

Da mesma forma, toda conversa resulta do somatório do estado de ânimo das pessoas. Imagine a seguinte notícia: *Decretado feriado nacional por um mês.*

As reações seriam as mais diversas:

– Meu negócio vai para o brejo. Estou arruinado!

– Nem acredito, vou colocar minha vida em ordem!

– Esse mundo não tem mais jeito, não!

– Que delícia, um mês de férias!

Um decreto proporciona muitas possibilidades de resposta. Quando o presidente Collor anunciou que na manhã seguinte esvaziaria os cofres dos bancos, naquele único dia, aparentemente, as pessoas eram todas iguais (ao menos no que se referia ao saldo bancário). Compartilhava-se o mesmo marasmo. Esse decreto mudaria o rumo de muitas vidas. Algumas pessoas se suicidaram. Outras perderam reservas de uma vida inteira e, até hoje, não se refizeram. Umas quantas acabaram beneficiando-se de modo direto ou indireto.

Uma medida autoritária igual a essa gera uma infinidade de interpretações, um estado de ânimo que condiciona o tônus emocional individual e da coletividade. Entretanto, se por um lado o ser humano é parte integrante da sociedade, por outro, cada um define a arquitetura social. Lembre-se de que qualquer sistema social condiciona o que somos, mas nós criamos esse sistema.

A proposta é investigar o modo de lidar com um estado de ânimo pessoal e coletivo. Há duas opções claras: viver à deriva, submetendo-se a uma interpretação que limita os acontecimentos, ou intervir para modificar o curso das ações. De fato, uma emoção pode reduzir ou ampliar possibilidades, assim como o ato lingüístico pode alterar a predisposição anímica. Cada vez que se expressa, o homem assume o compromisso de construir a realidade para si e para os outros.

Afinal, aquilo que se faz é o fator determinante do jeito de ser? Ou é o modo de ser que determina aquilo que se realiza? Se quiser modelar o mundo, essa tarefa começa intimamente. Para tanto, é preciso saber aprender. Toda vez que se aciona o **piloto automático**, as ações comprometem o estado de coisas.

> **Piloto automático**
> Sempre que age por impulso ou por condicionamento, você está no seu piloto automático. Faz coisas sem prestar atenção no efeito que produz a si mesmo e aos demais. Quer queira ou não, você propõe um desenho de mundo.

EXPERIÊNCIA PRÁTICA

Em nossos treinamentos de Foco e Criatividade, fazemos a seguinte pergunta: "O que você pensa quando está escovando os dentes?" A resposta é quase sempre igual: "Penso que estou atrasado" ou "Fico preocupado com tudo que me espera". Então, a questão verdadeira é: "Quem escova os dentes?" Fica muito claro que a maioria das tarefas diárias é realizada no piloto automático. Do mesmo modo, é muito comum falar ao telefone enquanto se responde aos e-mails ou até ouvir o desabafo de alguém enquanto se está pensando em qualquer outro assunto. Qual é o resultado da qualidade das ações diárias e da comunicação entre as pessoas?

Desenvolver a **autoconsciência** implica remodelar essas ações, assumindo a parte que lhe cabe ao tecer a vida. Isso exige percorrer a dinâmica da experiência, atravessando indiferenças, afobações, cansaços, dispersões, entusiasmos, esperanças, mas, sobretudo, reconduzindo as palavras, percebendo e aceitando, humildemente, a relatividade das verdades. Assim, que atitude tem ante este livro? Ele não se propõe a rotular, mas a ensejar uma reflexão sobre o entendimento dos processos humanos.

> ### Autoconsciência
> Quando ganha domínio sobre sua vida, você está optando pela autoconsciência. Segundo o pensador grego Stylianos Atteshlis (1994, p. 30), "a paciência e a moderação são as regras: o trabalho é uma transformação de todos os nossos pensamentos mal orientados. É esse o trabalho mais valioso". Ao criar e regenerar o sentido da vida, você se torna um participante ativo na construção da sua forma de ser.

O importante é a comunicação – tema de meu próximo livro, que será publicado por esta mesma editora. O que torna possível a qualidade do diálogo é um corpo a corpo, você com você desarmado, buscando alternativas inusitadas de si. Isso depende de aptidões desenvolvidas ao longo da vida: a atenção, a flexibilidade física e mental, o saber lidar com as emoções, conhecer-se e compreender os demais. A forma como se administram esses fatores, por meio da expressão verbal e não-verbal, define o perfil de comunicador.

Você conhecerá meus centros de interesse e a maneira pela qual observo. Estaremos juntos, observando a observadora que sou. Convido-o, igualmente, a conhecer o observador que você é. Afinal, tal como diria o chileno Rafael Echeverria (1998), reputado escritor e doutor em Filosofia, "vivemos em mundos interpretativos". Portanto, investigue a maneira pela qual você observa e interpreta, questionando a responsabilidade, como escultor da vida.

> Não sabemos como as coisas são. Somente sabemos como as observamos ou como as interpretamos. Vivemos em mundos interpretativos. Se disser o que observas, lhe direi quem você é. Ao observar o que alguém diz, você conhecerá não somente aquilo do qual fala, mas também a forma particular de ser de quem se expressa. (Echeverria, 1998, p. 40)

Ir além dos padrões convencionais requer o esforço saudável de estar consigo e com os outros em cada experiência e na novidade de cada momento. Talvez a chave desse processo seja muito simples. Segundo o filósofo Arcângelo Buzzi (1987), os antigos já diziam: *Age quid agis*, ou seja, faça aquilo e só aquilo que estiver fazendo; seja todo inteiro no mínimo que fizer.

Os filtros da atenção

QUALQUER PESSOA GOSTARIA DE ESTAR ATENTA A TUDO QUE FAZ. Mas, para compreender por que se distrai tão facilmente, é preciso entender como opera a atenção. Antes de tudo, é necessário identificar esse mecanismo que, para a escritora e pesquisadora norte-americana Helen Palmer (1993), célebre por suas pesquisas sobre o Eneagrama, pode ser definido como atenção emocional, intuitiva e mental. Essa abordagem é um ponto de partida válido, desde que não reduza nossa visão, pois, ao contrário, o intuito é aumentar a compreensão. Traduzindo em miúdos: quando algo acontece, a pessoa emocional sente e somente depois consegue pensar; a mais intelectual racionaliza antes de sentir e a mais instintiva capta múltiplas informações desarticuladas, sem que, muitas vezes, tenha acesso mental às próprias decisões.

Dessa forma, peneira-se cada observação por meio de um filtro perceptivo diferenciado. Se, de modo geral, a pessoa orientar a atenção pelo intelecto, sua leitura sobre qualquer acontecimento tende a ser racional. Imagine que alguém em seus piores dias vá procurá-lo. É bastante provável que você tente neutralizar o campo emocional, enquanto busca submeter os acontecimentos ao controle do intelecto. Certamente, você e seu interlocutor vão se decepcionar porque a lógica não tem o poder de tudo entender. O grande desafio é lidar com as emoções sem minimizá-las ou anulá-las.

Por outro lado, se a atenção for mais emocional, imagine que alguém o procure em prantos. Não preciso dizer o quanto ambos, muito provavelmente, vão se perder em um mar de lamúrias. Isso acontece quando um amigo ou um parente está atravessando um mau bocado e você acaba tão desorientado quanto ele. Na maioria das vezes, confunde-se sentimentalismo com empatia proveniente dos verdadeiros sentimentos. Somente uma adequada sensibilidade permite que nos coloquemos no lugar dos demais, acolhendo-os com delicadeza e firmeza. Você não deixa de sentir, mas consegue levar inteligência às emoções, organizando-se internamente.

Segundo Helen Palmer (1993), esse tipo de atenção emocional busca excitação em toda parte porque se retroalimenta de excessos. Os acontecimentos são observados por uma ótica dramática. Como lidar com esse mar de emoções desenfreadas? Desenvolver o discernimento das emoções exige clareza de raciocínio. Trata-se de um instrumento valioso para compreender o mundo interior e para estruturar um novo molde mental. Assim, tanto a aptidão emocional quanto a intelectual precisam caminhar lado a lado.

Tal como veremos no Capítulo III, a educação do corpo compreende, entre outras coisas, admitir que ele pensa e sente. O tipo de atenção física ou sinestésica representa um modo de apreender a realidade. Costuma-se dizer que o medo nos faz sentir frio na barriga. Pois a pessoa sinestésica está o tempo todo percebendo o mundo por meio de sensações físicas. Entretanto, é possível operar ao mesmo tempo e em graus diferentes por meio do corpo, da mente ou da emoção.

Por exemplo, uma pessoa pode ser tão sinestésica quanto emocional. Facilmente uma sensação ou pensamento de desagrado pode acelerar uma montanha de emoções avassaladoras. Isso acontece em um piscar de olhos! Mas com treino e dedicação aprende-se, em outro piscar de olhos mais interno, a trazer a atenção para a respiração e permanecer em silêncio, aquietando-se. Às vezes, é preferível movimentar o corpo, lavar o carro, escrever sem pensar, ouvir música, cuidar das plantas, fazer pão ou simplesmente descansar. Isso muda a capacidade de raciocínio, restabelecendo a tranqüilidade.

É importante reconhecer a tendência a racionalizar os fatos, ou a percebê-los de maneira intuitiva ou emocional, desde que nunca se cerceie a visão acerca das pessoas. Trata-se apenas de uma variável da personalidade que, por um processo educativo, pode se flexibilizar. A primeira atitude inteligente é mudar o hábito de rotular os demais. Além disso, exige um grau cada vez maior de tolerância em cada relacionamento.

É possível sentir certa insensibilidade ou uma forte aversão por aqueles que se lamentam por qualquer motivo. Imagine alguém chorando lágrimas de sangue porque o secador de cabelos quebrou. Qualquer um pensaria que está em um filme tragicômico. O tempo passa. Compreende-se que os opostos se atraem até que se aprenda a lidar com as porções humanas. Descobre-se que os exageros de toda ordem são vetores que sinalizam lições.

A pessoa pode continuar resmungando quando quebra o secador. Por incrível que pareça, é preciso espelhos como esse para reconhecer os próprios sutis dramalhões. É também esse tipo de pessoa quem nos ensina a acolher a dor e o sofrimento. Do mesmo modo, qualquer pessoa que aparente extrema indiferença pode ser dotada de percepção afinada e capaz de abrir novos horizontes. Isso acontece, por exemplo, em situações que estimulam a sensibilidade.

> **EXPERIÊNCIA PRÁTICA**
>
> Um executivo sênior chegou a um treinamento falando ao celular. Antes do início do trabalho, solicitei que desligasse o telefone e ele respondeu energicamente: "Estou fechando um negócio de 15 milhões e você me pede para desligar o celular?" No dia seguinte, ele não só se esqueceu de levar o telefone, como surpreendeu a todos, revelando suas características mais profundas. Seus companheiros puderam constatar que atrás da manifestação aparente de extrema frieza que costumavam encontrar, havia um homem sensível e generoso.

Daí a importância de aprender a conviver com toda manifestação humana. É possível, por exemplo, observar, no início de um *workshop*, algumas pessoas que se desmancham nas almofadas, mantendo uma fumaça embriagadora diante do olhar; outras se sentam com o pescoço rígido e começam a analisar o ambiente; umas quantas apresentam abatimento anímico generalizado, submersas em uma montanha de sensações simultâneas. Todas elas, em comum, julgam as circunstâncias ou alguém responsável pelo estado em que se encontram. *É que tive um dia exaustivo! Tive entreveros com meu chefe! O trânsito está um absurdo!* E, assim, sempre algum motivo externo define a predisposição anímica.

Logo em seguida, durante um exercício de concentração que normalmente se resume a se focalizar em uma imagem ou na chama de uma vela acesa, o participante deixa bem nítido, pela atitude, seu tipo de atenção: emocional, física ou mental. Por exemplo, a pessoa dotada de atenção emocional agrega ao exercício conteúdos emocionais. Por vezes, ela se lembra de cenas do passado, da morte de algum ente querido e, por pouco, não se esquece da tarefa, que é apenas se concentrar no objeto diante dela. Acalma-se por completo somente quando se deixa conduzir pelo olhar focado e relaxado.

Isso quer dizer que sua grande chave é aprender a modular as emoções a fim de experimentar uma tremenda empatia, essencial para conviver socialmente. A mente, deixada antes em segundo plano, passa a ser uma aliada inestimável, capaz de experimentar sentimentos e de construir uma nova estrutura mental.

Por sua vez, a pessoa com a atenção mental, depois de analisar os porquês, procurando racionalizar tudo, consegue se entregar ao exercício, provando a qualidade mais expansiva da mente. Ao desenvolver distintas maneiras de olhar para um mesmo objeto, ela não perderá sua acuidade mental, mas aprenderá a enxergar a realidade sob diferentes prismas. Da mesma forma, agregará uma pitada fundamental de sensibilidade que permitirá ver além do óbvio, reconhecendo a beleza e a necessária multiplicidade de modos de sentir e de pensar a vida.

Por fim, a pessoa mais sinestésica ou física, quando desorganiza a passividade corporal, acaba desfazendo a névoa da "preguiça". Para tanto, necessita estabelecer uma relação mais afinada com o próprio corpo, mobilizando sua intenção para estar atenta a cada momento. O grande desafio nesse caso é fazer uma leitura imparcial do que acontece à sua volta. Tal como veremos no próximo capítulo, é separar sensações internas do estado de ânimo coletivo, sem se perder. Representa saber do que os demais necessitam e contribuir com eles. Isso exige um corpo alerta, treinado a identificar, nomear e organizar internamente a percepção.

> ### EXPERIÊNCIA PRÁTICA
> Um bom exemplo do quanto é fácil perder-se na energia do ambiente nos foi relatado por uma aluna. "Fui visitar uma amiga que está em uma fase delicada, pois acabou de se submeter a uma cirurgia de um câncer. A casa toda é do tamanho desta sala. Senti-me tão oprimida que a única coisa que eu pensei era no quanto eu preciso de 200 metros para ser feliz, enquanto ela estava radiante com seus 40 metros. Fiquei um dia com a sensação de opressão no corpo. Acabei não dando o apoio de que ela tanto necessitava."

Ao se decodificar o caminho principal pelo qual opera a atenção, descobre-se um elemento facilitador para conhecer e limpar os filtros de percepção. Desenvolver novas aptidões é um benefício integral. Quando se cuida do corpo, cuida-se da mente e do coração. Quando se cultiva a atenção, solidificam-se os pilares que vão reconhecer as formas prediletas de distração. A idéia é, em vez de abandonar projetos ou de deixá-los incompletos, zelar por nossa ação no mundo. Por isso, a auto-observação é uma prática essencial.

Se tudo está intimamente relacionado, é necessário o autoconhecimento que nos permite decodificar como as coisas interagem e, sobretudo, saber quais são as ferramentas disponíveis em qualquer situação. Se pretendemos alterar atitudes, precisamos conhecer o funcionamento da nossa apreensão da realidade a fim de ampliar o leque de respostas possíveis. Conhecer-se implica respeitar a diversidade humana, ganhando em discernimento inteligente.

As formas de inteligência e de percepção múltiplas

Graças aos estudos do psicólogo Howard Gardner, da Universidade Harvard, constata-se que as habilidades mentais funcionam como sistemas cerebrais autônomos. Elas representam estilos de aprendizagem que, por sua vez, correspondem a distintas formas de perceber a realidade. Vejamos, a seguir, um breve resumo a respeito das inteligências:

INTELIGÊNCIA LINGÜÍSTICA: aprende melhor visualizando palavras, ouvindo e falando. Para esse tipo de inteligência, o mundo faz sentido por meio das palavras.

INTELIGÊNCIA LÓGICO-MATEMÁTICA: aprende por meio de classificações, categorizações e relações abstratas. Percebe a realidade por meio de padrões lógicos e relações, abstrações relacionadas, entre outros.

INTELIGÊNCIA SINESTÉSICO-CORPORAL: aprende melhor por meio de sensações corporais, de atividades físicas, do movimento e do toque físico. Esse tipo usa o próprio corpo para expressar idéias e sentimentos ou para produzir algo.

INTELIGÊNCIA MUSICAL: aprende, sobretudo, pelo ritmo, pela melodia e pela música. Sua maior capacidade está em perceber, discriminar e expressar formas musicais.

INTELIGÊNCIA ESPACIAL: aprende imaginando formas e cores. Percebe a relação entre linhas, espaço, formas e cores, podendo imaginar e interpretar aquilo que não é visto com precisão.

INTELIGÊNCIA INTRAPESSOAL: aprende melhor sozinho, respeitando o ritmo próprio de trabalho. Percebe seu mundo interior, identificando emoções, pensamentos e metas.

INTELIGÊNCIA INTERPESSOAL: aprende melhor relacionando-se com as pessoas. Percebe a motivação, a necessidade e os sentimentos dos demais.

Nas próximas obras de Howard Gardner serão incluídas capacidades complementares: a inteligência do meio ambiente e a inteligência espiritual.

Agora, vamos imaginar que uma pessoa dotada de inteligência intrapessoal estabeleça contato com outra que desenvolveu a inteligência matemática. A primeira tem uma visão honesta de si mesma, porque se conhece. Então, os pilares da personalidade são construídos em torno do autoconhecimento. É com base nesse ponto de vista que ela vai perceber a realidade. A segunda aprecia as relações e os padrões lógicos. Gosta de numerar e de catalogar. Ela vai aprender e perceber por meio de raciocínio matemático, buscando relacionar causa e efeito. Você consegue imaginar como será a conversa entre elas?

EXPERIÊNCIA PRÁTICA

Lembro-me de uma mulher casada com um mestre em engenharia de sistemas. Ela nos contou o seguinte: "Quando nos conhecemos, ele, pretendendo fazer-me uma declaração de amor, disse que sentia por mim algo assim, similar ao prazer de resolver uma expressão matemática". Essa analogia, para ele, representava uma forma pessoal de encontrar significado na vida. Ela, por sua vez, tinha outro modo de perceber, relacionar e expressar-se. O grande desafio humano é interagir com as diferenças.

Cada um de nós favoreceu em maior grau uma ou algumas das inteligências acima citadas. Sabe-se que é possível desenvolver as inteligências múltiplas com relativa competência, estimulando estruturas mentais que foram negligenciadas ou inibidas.

> **EXPERIÊNCIA PRÁTICA**
>
> Um bom exemplo de como é possível desenvolver novas habilidades mentais nos foi relatado por uma aluna. "Se você me dissesse há alguns anos para visualizar um limoeiro, eu imediatamente imaginaria uma fotografia. Teria uma visão chapada porque eu não conseguia enxergar nada tridimensionalmente. Mas eu comecei a me exercitar durante meu relaxamento diário. Hoje consigo ver nitidamente os galhos, as folhas. Melhorei muito."

Suponhamos que você nunca tenha apreciado como expressar-se devido a algum trauma de infância. Nada o impede, hoje, de privilegiar a inteligência lingüística por meio da leitura, da escrita, falando e ouvindo os demais.

> **EXPERIÊNCIA PRÁTICA**
>
> A seguir, o depoimento de uma aluna sobre suas dificuldades de inteligência espacial. "Eu tive um namorado que vivia brigando comigo porque não compreendia como uma pessoa perdida como eu não comprava um guia da cidade ou não usava a internet para localizar os endereços. É muito simples: nenhum mapa faz sentido pra mim. Isso ele não era capaz de entender. No fundo, ele achava que eu me perdia e não comprava um guia por pura displicência. Então, eu preciso que alguém leia um mapa e me diga: entre na segunda rua à direita, ande quatro quadras e assim por diante. Felizmente, minha sócia já está acostumada: quando vou a um lugar que não conheço, ela até faz um mapinha, mas escreve ao lado as coordenadas. Se você não tem visão espacial, um mapa não refresca em nada."

Somos maleáveis e podemos continuamente expandir nossas fronteiras de conhecimento. O que me torna única é o que me diferencia de você. Podemos aprender com as diferenças e, juntos, ampliar nossa forma de ser e nossa visão de mundo. Isso nos aproxima uns dos outros, tornando possível o diálogo.

Graus de distração

MAS ONDE ESTÁ SEU FOCO DE ATENÇÃO? Você permanece firme em seus propósitos? Que visão tem de si? Até que ponto consegue compreender-se, sendo honesto consigo mesmo? De que depende o grau da sua atenção? Conhecer-se requer consciência e autodisciplina.

Resta averiguar a dinâmica da atenção nas situações diárias, identificando os fatores determinantes a fim de que você conclua ou abandone uma atividade qualquer. Observe quanto o corpo, a mente ou a emoção estão interferindo diretamente em seu estado atento ou dispersivo. Note se um mal-estar físico passageiro não é uma mola propulsora para que você desista repetidas vezes do que está fazendo. Quem sabe não passa de um pouco de desânimo? Além do repertório bastante criativo de subterfúgios, felizmente, cada um de nós é capaz de alterar qualquer estado.

Ao executar uma tarefa, quanto tempo é capaz de manter-se atento? Quais são os empecilhos internos ou externos que tiram seu foco? Você consegue pensar em uma única coisa? Enquanto está lendo este livro que idéias atravessam sua mente? Quantas vezes e como se distraiu? Quem ou o que está comandando seu comportamento quando se dispersa? Observe em que tipo de situação perde o fio da meada. Enumere-as.

Aproveite para ouvir a ladainha interna de justificativas quando se mantém à deriva e não controla a vontade própria.

Você consegue cumprir horários ou sempre se perde pelo caminho? Tem dificuldade em se organizar e concluir projetos? Você adia as coisas? Vive inquieto? Por acaso alterna excesso de preocupação com descaso? Dificuldade de ler um livro, tendência depressiva a ficar prostrado diante da TV, perder-se sem motivo aparente, chegar sempre atrasado e cursar colégios e universidades aos trancos e barrancos podem revelar grau excessivo de distração.

Há quem passe a vida recebendo sermões dos pais e das pessoas mais próximas porque esquece as coisas, perde chaves e comete um sem-número de deslizes. O indivíduo sente-se diminuído e a auto-estima cai vertiginosamente. Quando esse grau de distração não é percebido e tratado, provoca uma infinidade de transtornos no desempenho e na vida interpessoal.

> ### Distúrbio do déficit de atenção (DDA)
>
> Pode acontecer de haver, desde a infância, um distúrbio do déficit de atenção (DDA), facilmente confundido com fraqueza de caráter. São casos que nada têm que ver com dificuldade de aprendizagem, com problema de comunicação, muito menos com falta de inteligência. Essa síndrome neurológica é reconhecida pela tríade de sintomas: impulsividade, dificuldade de concentração e hiperatividade. Muitos dos sintomas são mascarados na vida adulta por problemas mais óbvios, como a depressão, o vício do jogo, das bebidas ou de alguma droga.

Mas como discernir até que ponto o déficit de atenção está em um limiar aceitável? É preciso o apoio de um profissional habilitado. Trata-se de avaliar se estamos lidando com uma condição que tem raízes na biologia. Nesse caso, podem ser indicados não apenas medicamentos, mas acompanhamento. É preciso inspirar paciência e perseverança, proporcionando o apoio de que as pessoas tanto necessitam.

Por outro lado, o hábito de perder o foco e se dispersar, ainda que não se trate de nenhuma disfunção neurológica, promove igualmente uma série de comportamentos similares, tais como: começar muitas coisas sem concluí-las, adiar responsabilidades, não ter motivação para atender a necessidades, ser evasivo, entre outros. Trabalhar essas dificuldades de concentração exige dedicação e planejamento minucioso de exercícios que favoreçam a educação da atenção e o gerenciamento do humor. Além disso, diferente do distúrbio do déficit de atenção, no caso da pura dispersão, a base do trabalho é educar e fortalecer a vontade – tema do próximo capítulo.

> A maioria das pessoas que freqüenta nossos treinamentos tem uma característica em comum: vida sedentária. E mais: vivem se propondo a freqüentar a academia na próxima semana, que não chega nunca. Abandonam o projeto assim que deparam com os primeiros contratempos. Também postergam todo tipo de consulta médica e se queixam do escasso tempo dedicado à família, à solidão, ao lazer. Admitem que, muitas vezes, adiam inclusive necessidades fisiológicas, como urinar, beber água e comer. Protelar necessidades e abandonar metas ou tarefas no meio do caminho também são sintomas de dispersão.

Muitas vezes, ao se programar, é essencial a colaboração dos demais. Há ocasiões em que a pessoa se sente desmotivada devido à baixa auto-estima. É como se lhe faltasse estrutura interna. Então, diga: como reestruturar a vida externa sem auxílio? Quem de nós, em maior ou menor medida, não se beneficiaria com prática e treinamento da atenção e da motivação? Sem falar da importância de receber apoio emocional. É necessário adotar novos hábitos que requerem não apenas estímulos internos, mas também, muitas vezes, incentivo externo. O meio ambiente propício pode servir de alavanca até que a pessoa confie em si mesma.

O treinamento da atenção

A ATENÇÃO VIVE MERGULHADA em uma montanha de vetores sedutores aparentemente incontroláveis. É preciso detectar esses padrões mecânicos (de pensar e de sentir) e as formas prediletas de dispersão. O primeiro passo é aprender a perceber os pensamentos, as sensações, as imagens mentais e os devaneios aos quais nos submetemos durante o dia. Organizar a atenção nessa observação representa reconhecer padrões e diferenciá-los do que, de fato, somos. Essa prática possibilita considerar os hábitos de maneira imparcial. Aprendemos a falar deles de um ponto de vista neutro, isentando-nos de idéias preconcebidas. Somente assim nos tornamos menos compulsivos e automáticos.

Imagine que você decida sentar para elaborar um relatório. Você vai até a cozinha beber um pouco de água e aproveita para regar as plantinhas. Neste momento, percebe que ainda não leu a correspondência. Nota que precisa pagar sua conta de celular e aproveita para checar seus e-mails. O telefone toca e é sua irmã pedindo a receita daquele bolo. Você percebe que está com fome e aproveita para comer uma torrada. Ao cabo de uns instantes, sente uma tremenda sensação de desconforto porque o final de semana está acabando e você não conseguiu sequer iniciar o relatório. O desânimo dispara uma montanha de pensamentos nocivos que minam sua vitalidade. Muitas operações mentais fogem ao controle, devido ao hábito de divagar em imagens aleatórias e em sensações que mal decodificamos. Você não é a dispersão, muito menos o desânimo. Ao se monitorar, você pode perceber o padrão repetitivo e escolher como pretende viver.

A etapa seguinte é decidir o que fazer disso tudo. O mais gratificante desafio é assumir a responsabilidade de educar a atenção. Por isso, inclua no dia-a-dia práticas como a imaginação ativa, a concentração, a observação e a respiração (ver página 124, "Respirar é preciso"). Essas atividades, entre outras coisas, regulam a capacidade da atenção, diminuem a intensidade dos ruídos da mente, proporcionam alívio emocional e relaxamento para o corpo.

A proposta é, por exemplo, exercitar-se prestando mais atenção às pequenas tarefas diárias. Cada vez que se propuser a dar atenção àquilo que estiver fazendo, você estará ordenando que a mente se concentre no momento presente (nada de devanear no passado ou no futuro imediato). Assim, sempre que algo tentar distraí-lo, volte a atenção para a respiração. É como se decidisse brincar consigo mesmo. Aconteça o que acontecer, você respira com tranqüilidade e, ao mesmo tempo, conduz sua mente a focar-se na tarefa. Entre outras coisas, aprende a livrar-se de qualquer incômodo.

Outro exercício que pode ser realizado ao longo do dia e dura apenas alguns segundos é concentrar-se em um objeto com o máximo de cuidado. Imagine que segura nas mãos uma caneta. Atenha-se às minúcias, perceba a textura, as cores, a forma e assim por diante. Lembre-se de que o objeto funciona como o ponto central de sua concentração. Vamos supor que escolha o exercício do relógio para treinar a atenção (Ver tópico "Para combater a dispersão", na página 61). Você prepara o físico, checando se não há tensão desnecessária, observa a respiração, tranqüilizando o corpo e a mente. Então, mantém o foco somente no ponteiro dos segundos. Cada vez que se distrair, traz novamente o olhar para o ponto de concentração.

Um simples exercício de observação pode ser realizado a qualquer instante. Você observa o ambiente à sua volta, uma sala de espera, tudo que está sobre a mesa – com aquele olhar curioso de criança. Em seguida, fecha os olhos e refaz o mesmo cenário na sua tela mental.

A imaginação ativa, por sua vez, propõe-se a criar moldes mentais por meio de vivências simuladas que resultam no sentimento de bem-estar. Basta, por exemplo, colocar uma música tranqüila e se imaginar à beira-mar. Visualize-se caminhando na areia e devagarzinho molhando os pés na água. Sinta o frescor da manhã e o abraço morno do sol. Pronto: em cinco minutos, você se exercita. Além de aprender a moldar imagens, é possível relaxar e disciplinar a mente sob o comando consciente.

EXPERIÊNCIA PRÁTICA

Durante os treinamentos, logo após o almoço, realizamos impreterivelmente um relaxamento. Conduzimos as pessoas, passo a passo, a um estado de profunda tranqüilidade. O depoimento delas comprova que os primeiros minutos são sempre desafiantes porque se sentem inundadas e invadidas por muitos pensamentos simultâneos. O primeiro deles é quase sempre: "O que estou fazendo aqui deitado(a)?" Iniciamos o processo conduzindo os participantes a prestar atenção somente na respiração. Ao cabo de uns poucos minutos é fácil observar aquela agitação inicial do grupo transformando-se em repouso absoluto. Em seguida, criamos cenários idílicos para que registrem a sensação de bem-estar. Enquanto aprendem a descansar e a se revitalizar, desenvolvem a habilidade da concentração e do relaxamento.

Para conseguir executar ou pensar uma única coisa de cada vez, é preciso usar a vontade e aprender a focar a mente, educando a atenção. Nas palavras de Stylianos Atteshlis (1994, p. 24), dominar a si próprio e as circunstâncias com as quais nos defrontamos requer três habilidades:

a observação exige que nada escape a nossa atenção; a concentração requer a completa focalização de nossa atenção sobre um objeto, uma emoção, um pensamento ou uma idéia. Essa concentração precisa atingir tal grau que nada nos demova de nosso trabalho. A meditação, por sua vez, que utiliza tanto a observação e a concentração, implica a contemplação e investigação de um objeto.

Quem faz teatro sabe quanto o exercício básico do ator consiste em estabelecer um envolvimento imediato com cada circunstância. Essa prática cria uma disciplina espontânea que o beneficia amplamente. Contudo, o benefício é proporcional à constância e à perseverança, pois aprimorar-se exige prática.

A motivação da mente

"Quando o jardineiro cuida de seu jardim o jardim cuida de seu jardineiro."
DR. STYLIANOS ATTESHLIS

A VERDADE É QUE, muitas vezes, é quase impossível diferenciar as idéias originais das que estão imersas no marasmo coletivo e na grande argamassa de velhos hábitos mentais. Repetidas imagens, sensações desconexas e pensamentos fora do trilho assolam nossa tela mental sem descanso, percorrendo vias aleatórias. Você quer parar de pensar, mas não consegue. Enquanto não formos capazes de observar, decodificar e nomear essa cadeia de pensamentos, não saberemos dimensionar como afetamos nosso ambiente e como somos afetados por ele.

É preciso também reconhecer o hábito de estar sempre comparando e analisando o que está certo ou errado. Isso acontece quando não se consegue enxergar mais do que um único caminho considerado *correto*. Viver entre o ideal de perfeição e as comparações mentais acaba, entre outras coisas, alimentando o medo permanente de errar. Sem falar que brincar de advogado, promotor e juiz infalível torna a vida, desnecessariamente, séria.

Você já experimentou passar um dia sem dar sua opinião? Experimente! Quantas críticas e detalhes insignificantes tomam a dianteira! Será que você não tem abusado do hábito de culpar o outro, a sociedade, o mundo? Será que contesta tudo e todos, sem refletir sobre as distintas formas de enxergar os fatos? Por outro lado, esse perfil de personalidade vai procurar minúcias, prestando atenção aos detalhes que passam despercebidos. Aprenda com eles a dar o melhor de si, aprimorando sua percepção. Por isso, se conhecer alguém com esse perfil, evite a aversão; ao contrário, colabore com ele, trazendo leveza e ajudando-o a ser menos rigoroso com ele mesmo.

Quem sabe prefira usar a mente para planejamentos futuros, inventando imagens prazerosas, enquanto alguém há de pagar sua conta. Você concorda em preparar uma festa e vai fazer só o que lhe dá prazer (mas isso não diz a ninguém). O resto é incumbência dos demais. Restringir-se a um só objetivo acaba sendo tedioso. Então, vários projetos o alimentam, mas você não os executará enquanto não sentir a monotonia. *Obrigação? Nem pensar! Compromisso? Depende da ocasião...* Enquanto essa pessoa aprende a assumir responsabilidades, podemos com ela aprender a levar uma dose essencial de prazer em tudo que fizermos.

Há ainda a busca insana de ultrapassar limites. Veja se não está sempre concentrado na intensidade dos prazeres: muita comida, muita adrenalina, alta velocidade, muito sexo, droga ou álcool. Pergunte se seria capaz de deixar de vi-

A educação da atenção

ver perigosamente. Observe a obsessão por controlar e brigar como mero exercício para testar sua força e a de seu oponente. O mundo passa a constituir-se em dois times: de um lado, os amigos; do outro, os inimigos. Mas o que você deseja? Afastar o tédio a qualquer preço é uma maneira de esquivar-se dos reais sentimentos, dispersando-os a ponto de esquecer suas metas.

Esse tipo de comportamento é facilmente identificado em algumas organizações paternalistas que precisam mudar e resistem, mantendo uma cultura defasada, baseada no autoritarismo. Há algum tempo, trabalhamos para uma empresa cujo presidente (sem se dar conta) buscava testar sua força e manter controle absoluto sobre tudo que acontecia. Acabava promovendo constantes discórdias. De fato, essa postura era refletida tanto na diretoria como na liderança. Além de inibir iniciativas, omitia-se o que pudesse desagradar à presidência. Eram claros os sentimentos coletivos de desagrado, mas jamais se falava deles abertamente. Em vez do espírito de cooperação e lealdade, os excessos de mandos e desmandos impossibilitavam a responsabilidade compartilhada, base dos empreendimentos de sucesso.

Se conviver com uma pessoa como essa, você será convidado a exercer a sua autoridade interna com o máximo de integridade, correndo o risco de embutir dissabores e acumular insatisfações que vão tirar sua paz de espírito. Lembre-se de que o embate nunca é a melhor medida. Escolha a hora certa e promova a abertura necessária para fazer valer seu querer com respeito, propondo sempre o diálogo.

A educação da atenção

> Outro exemplo mais comum do efeito do comportamento autoritário pode ser encontrado em empresas que se acomodam a certa estabilidade, mantendo reuniões enfadonhas sem discussão e participação efetivas. O resultado é o comodismo e a falta de motivação. O mesmo acontece em relacionamentos íntimos. Caso típico é do homem ou da mulher excessivamente autoritários que vivem querendo a todo custo, por meio do monólogo e da imposição, que prevaleça seu ponto de vista.

Por outro lado, há quem viva em função do fazer e do sucesso. Essa é a única forma de sentir segurança. Para tanto, assegura seu controle concentrando-se apenas no eficiente desempenho de suas funções. Passa de uma atividade a outra sem demora. Não há tempo a perder, nem de sentir ou de avaliar se realmente gosta do que faz. Onde andarão os sentimentos? Quais as verdadeiras necessidades? O trem de pensamento dispara uma montanha de estratégias para fazer mais e mais... A mente, por sua vez, não avalia e a emoção é forçosamente deixada no banco de reservas.

Esse é o caso de profissionais que demonstram aparente desempenho inquestionável, mas atropelam os relacionamentos devido à falta de sensibilidade. Já no âmbito familiar, acabam deixando as pessoas em segundo plano porque levam para casa a obsessão do trabalho. Diante de tantos afazeres, estar simplesmente junto de alguém ou brincar com os filhos é considerado detalhe menor. Ao conviver com uma pessoa assim, lembre-se do que dizia minha avó: "Água mole em pedra dura, tanto bate até que fura!" Então, descubra formas de inspirar o contato dessa pessoa com as emoções. Mas nada de dramas! Os eficientes fazedores nunca abandonarão as velhas armaduras com um dramalhão. É preciso ser verdadeiro para que a verdade aflore.

A educação do querer **43**

Observe ainda se não cultivou o hábito de permitir que a mente agarre-se ao lado mais sombrio das emoções, perdendo-se nelas, projetando-se tanto nas lembranças do passado como em um futuro idílico. Quando afloram as decepções, você não só enxerga aspectos negativos dos demais, como tudo fica ainda muito pior do que é. Do mesmo modo, sua imaginação pode acentuar o que é comum, transformando qualquer coisa em algo totalmente fora do normal.

EXPERIÊNCIA PRÁTICA

O relato de um aluno ilustra bem uma reação emocional exagerada. "Havíamos parado no posto para abastecer. A esposa do meu amigo aproveitou e foi ao banheiro. Enquanto isso, depois de abastecer, ele decidiu calibrar os pneus ao lado da loja de conveniências. De repente, ouvimos alguém tendo um piti — em alto e bom tom. Vocês não vão acreditar: a mulher dele armou o maior escândalo porque não estávamos bem na frente da bomba de gasolina." Se conhecer alguém com esse perfil, certifique-se de permanecer tranqüilo diante de seus altos e baixos emocionais.

Chefes, cônjuges ou filhos com essa mania de ver o lado "negro" precisam se sentir seguros na relação que estabelecem com você. Com o passar do tempo, podem aprender a gerenciar o bom humor como estratégia de vida. Da mesma forma, todos aprendemos com eles a aceitar as emoções como combustível para nosso crescimento.

EXPERIÊNCIA PRÁTICA

Há pessoas que aprendem, por meio de exageradas manifestações emocionais, a confrontar-se com os maus bocados e, por isso, podem oferecer apoio incondicional em processos de dor. O depoimento a seguir é um bom exemplo. "De todas as minhas amigas, havia uma em particular que eu evitava, porque ela vivia dramas existenciais permanentes. Confesso: eu não tinha paciência. Mas, quando meu pai faleceu, foi justamente ela quem me deu o apoio emocional de que eu tanto precisava."

As dúvidas, por sua vez, parecem uma gangorra descompensada, em que nunca se está suficientemente equilibrado. Veja se você não está sempre espreitando até achar uma pequena brecha para que padrões mentais céticos comecem a aflorar. Qualquer opção exigirá que faça escolhas. Qualquer escolha nunca o satisfará por completo, porque essa é a função da dinâmica da dúvida: substituir a ação pelo pensamento. De um lado, sente-se encurralado; do outro, perseguido. Quando não, a postura é a de permanecer na inércia, desconectado das emoções.

Lembre-se de que a pessoa "medrosa" sabe avaliar todos os lados de uma mesma moeda, sendo considerada por excelência advogada do diabo. Por isso, em se tratando de decisões vitais, esse tipo de personalidade sabe analisar, desconfiar e procurar "pêlo em ovo". Ajude, porém, a expandir os limites de expressão em ações consistentes. É preciso encorajá-la com argumentos sólidos.

Às vezes, há uma confusão entre precaução e isolamento. Analisar uma situação previamente e calcular a melhor maneira de reagir a ela não deveria significar isolar-se e suspender as emoções, muito menos desassociar o sentir do pensar. Nesse caso, você tem diante de si um excelente observador, pessoa com uma habilidade de raciocínio espantosa, apta a desafios intelectuais. Por outro lado, a tendência a viver isolada acaba desenvolvendo sua capacidade de executar com maestria tarefas meticulosas. Contudo, nada impede que seja inspirada às atividades grupais que favoreçam a generosidade e o espírito solidário.

Há quem busque aprovação e formas de tornar-se o centro das atenções. Essa preocupação em agradar aos demais não pode desorganizar-se sem que, lentamente, compreendam-se as necessidades e se assuma a responsabilidade de satisfazê-las. É a pessoa que tende a ocupar os bastidores, suprindo o ambiente com tudo de que os indivíduos necessitam. O problema é que se torna obsessiva a mania de controlar, valorizando-se por se considerar indispensável.

A ajuda certa na hora certa é sempre apreciada, mas a questão é cultivar a auto-estima e o amor-próprio pelo que somos e não em função do que fazemos aos demais. Quando sabemos fazer muitas coisas, a tarefa seguinte é ensinar os outros a aprender. Em vez de entregar o peixe, experimente entregar uma vara e uma isca para que se aprenda a pescar. Se esse for seu caso, aprenda a ouvir-se e a respeitar as próprias necessidades. E lembre-se de que as pessoas podem amá-lo pelo que você é.

Mesmo que passe grande parte da vida vivendo dos esforços dos demais, nunca é tarde para fazer sua parte. Refiro-me ao hábito da preguiça, de deixar tudo para depois, não concluir tarefas e pegar carona no conforto alheio. Pode ser que você funcione melhor com o estímulo das pessoas. Tire proveito disso e, enquanto recebe encorajamento, vá organizando novas estruturas mentais, alicerçando o próprio acolhimento. Aprenda a planejar-se e a organizar-se.

EXPERIÊNCIA PRÁTICA

Ao longo desses anos, pudemos constatar que muitos profissionais passam o dia "apagando incêndios". Costumam fazer muitas coisas sem necessariamente concluí-las. "Ontem, você falou da preguiça em forma de dispersão mental. Saí daqui pensando no quanto passo o dia correndo de um lado para o outro, adiando as tarefas que eu não gosto de fazer. Acabo envolvendo as pessoas da minha equipe pra me ajudar – o que, por sua vez, gera um incêndio coletivo. Acho legal todo mundo contribuir, mas eu percebi que não tenho direito de repassar para as pessoas, que já estão sobrecarregadas, a minha própria falta de organização. Realmente eu me disperso e promovo dispersão nas

> pessoas. Preguiça não é não fazer nada. É fazer coisas demais sem foco. O dia acaba, eu estressei todo mundo e fico com a sensação de não ter feito nada do que deveria ter sido feito porque deixo tudo pela metade."

Vamos supor que você perceba uma tendência a começar muitas coisas e não concluir nenhuma. Além disso, sente grande dificuldade em detectar quais são suas prioridades. Suponhamos que costume excitar-se com estímulos de toda ordem, emaranhando-se em uma cadeia de conceitos, desejos e sensações habilmente articulados. Esses fatores funcionam em estreita interdependência.

Então, a fim de atingir uma meta, terá de observar sua atitude e identificar os pensamentos de desistência. Portanto, não é possível alcançar qualquer objetivo nem sustentar uma mudança sem mobilizar-se integralmente. Não basta, por exemplo, você decidir concluir projetos e permanecer de mau humor. Disciplina requer mudança integral. Isso exige uma reestruturação em sua forma de pensar, sentir e agir. A mudança precisa ser de dentro para fora, ditada pela sua consciência.

Modelar uma nova forma de vida requer observação ativa e paciente, perseverança e determinação, qualidades estas que irão respaldá-lo para ultimar atividades motivadoras. Planejar é uma coisa, mas pretender controlar tudo que está à sua volta é mera tirania. O importante é não se distanciar do tecer íntimo e do contato direto com cada situação. Então, em alguns instantes de lucidez, poderá provar a capacidade de alcançar idéias que parecem emergir de uma biblioteca universal. É quando temos uma compreensão profunda e intuitiva das coisas.

Todos nós atravessamos momentos de dúvida, de insegurança, como também nos perdemos em excessos. De

A educação do querer **47**

fato, se formos sinceros, poderemos admitir que precisamos, em maior ou menor grau, atender a nossas próprias necessidades e organizar nossas prioridades. É fácil identificar no outro nossos pontos vulneráveis. O desafio é identificar quanto podemos aprender com os demais acerca de nós mesmos.

EXPERIÊNCIA PRÁTICA

Se alguém nos incomoda em algum aspecto, resta-nos a coragem de descobrir o que essa pessoa está nos apontando como lição de vida. Veja o depoimento a seguir: "Eu era um executivo exemplar e não tinha paciência com gente que ficava em cima do muro, que tinha medo de se arriscar. Depois, caí em depressão. Descobri que eu sentia certa aversão das pessoas medrosas porque justamente vivia em um casulo pra evitar entrar em contato com meus medos. De fato, eu evitava esse tipo de pessoa porque eu não percebia que sentia medo de sentir medo." Então, a grande aprendizagem é reconhecer em cada pessoa a manifestação da nossa própria humanidade.

Cérebro aprendiz

SE NÃO GOSTAR DE SENTIR-SE CONTROLADO, vai reagir a toda forma de controle; se for temeroso, vai resistir a qualquer proposta de mudança; se tiver dificuldade em dizer o que pensa, é muito provável que se intimide e não se expresse e assim por diante. Mas, embora em algumas ocasiões o homem seja humanamente previsível, o cérebro não é uma mera central telefônica ou um sistema computadorizado avançado.

Assim como o coração e o corpo, o cérebro é um órgão pulsante. Além do mais, todo ser humano tem um repertório inacabado de gestos e de formas, podendo promover transformações constantes. Toda mudança é um processo de destilação, maturação e criação. Por essa razão, é preciso igualmente conhecer como funciona a arquitetura cerebral. O que interessa salientar é a característica fundamental do cérebro: sua plasticidade. Ele é um eterno aprendiz.

Observar o funcionamento do hemisfério esquerdo, por exemplo, permite falar da lógica, de como os fatos são detalhados e ordenados, da visão do mundo em branco e preto, do papel do crítico interno. Já o hemisfério direito inclui a fusão dos significados, as imagens mentais em movimento que podem ser coloridas, ampliadas ou reduzidas de tamanho. É seu lado intuitivo.

EXPERIÊNCIA PRÁTICA

Logo no início do treinamento de escrita criativa, perguntamos aos alunos qual a maior dificuldade no momento de escrever. As respostas são muito similares:

"Eu fico preocupado com os erros de português."

"Sempre acho que o texto está truncado, pouco claro."

"Tenho a sensação de iniciar uma briga interminável."

Ao escrever um texto, o hemisfério direito vislumbra imagens simultâneas e coloridas. É responsável pelo jorrar de idéias. O lado esquerdo, por sua vez, cuida da coerência e dos aspectos formais de gramática. O problema começa na inversão das etapas e o trabalho consiste em respeitá-las. Primeiro você coloca as idéias no papel, fazendo as pazes com o crítico interno e redimindo a criatividade. Por último, você vai se preocupar em editar, revisar e ordenar o material.

Nossa cultura privilegia o lado lógico em detrimento da nossa intuição. É muito comum, durante as reuniões, que as idéias sejam ignoradas em prol da objetividade: *Isso não vai dar certo; Isso nós já tentamos; Os custos inviabilizam*. O grande desafio é incentivar a produção de idéias – ainda que vagas ou nebulosas. E, somente em uma segunda fase, colocar os pés no chão, introduzindo o senso crítico como apoio para encontrar a melhor solução. Portanto, observe sua atitude para não abortar as idéias com críticas prematuras. Observe também se, ao contrário, sua tendência não é a de permitir que as idéias permaneçam nas nuvens. Intuição e lógica são parceiras inestimáveis.

De fato, a fim de compreender a fundo como operam as mudanças, é necessário reconhecer que as capacidades interagem em uma rede de conexões que mantêm entre si uma estreita colaboração. Não é admissível continuar desassociando as regiões cerebrais. Afinal, o cérebro comanda tanto os processos mentais, as sensações emocionais, os órgãos dos sentidos, quanto os movimentos corporais.

O neocórtex, por exemplo, é responsável pelas relações globais, pelo desenvolvimento de um "eu" consciente e de uma vida emocional complexa. Segundo as autoras alemãs Doris Martin e Karin Boeck (1997, p. 39), o neocórtex ou cérebro racional

> permite-nos não apenas entender e resolver problemas de álgebra, aprender uma língua estrangeira, estudar a teoria da relatividade ou desenvolver a bomba atômica. Proporciona também a nossa vida emocional, sobretudo, uma nova dimensão.

Se, por um lado, o sistema límbico ou cérebro emocional fornece os primeiros socorros em situações de emergência, é, justamente, incumbência do cérebro racional moderar as reações, ajudando-nos a elaborar planos de atuação concretos e assertivos para as urgências emocionais. Imagine que você está lidando com uma pessoa violenta. O cérebro racional é capaz de analisar a situação de forma cognitiva e propor uma reação eficiente: você escolhe, então, acalmar-se para tranqüilizar seu interlocutor, porque essa é, sem dúvida, a resposta mais adequada.

Considera-se o neocórtex o mediador da nossa relação com o mundo, mas ele não pode sozinho efetuar nenhuma mudança. Para transformar um padrão de comportamento é preciso, previamente, mobilizar a matriz emocional. É ela que desorganiza o velho quando se pretende apropriar-se do novo. No caso acima mencionado, a amídala* registrará uma situação de perigo que fará seu coração disparar. A função da amídala cerebral – que nada tem que ver com as da garganta – é funcionar como uma espécie de alarme que desencadeia reações de proteção em casos de emergência. Por conseguinte, a habilidade de moderar as emoções determinará até que ponto você poderá usufruir sabiamente do potencial mental.

* Segundo Eugênio Mussak (2004), "quando a amídala toma conta da situação e provoca reações às vezes desproporcionais ao fato, dizemos que aconteceu o seqüestro da razão". Isso pode produzir uma resposta adequada em situação de perigo, mas pode também provocar uma reação emocional impensada. Mais adiante, Eugênio complementa: "O problema é quando, de repente, pode acontecer o seqüestro da razão e você terá, com certeza, uma reação violenta, por palavras ou atos, desproporcional ao fato que a causou. Faltou contar até dez" – conclui.

Assim, de nada vale a competência intelectual se no momento do desafio a resposta for o medo desenfreado... Do mesmo modo, enquanto a postura for a de enfatizar as dificuldades, a tendência será a de manter respostas condicionadas. É importante identificar o hábito de se envolver em uma conversa interior negativa, desperdiçando energia emocional.

> Preste atenção para não se condicionar a sempre ver o copo como "meio vazio". Está chovendo e você se lamenta desejando que faça sol. Faz calor e você deseja que chova um pouco para refrescar. Chega o final de semana e você reclama porque não pode viajar. Durante o feriado, aproveita e vai à praia, mas se queixa porque todo mundo teve a mesma idéia. O salário está defasado e sua insatisfação é notável. Quando recebe a promoção, reclama porque não tem mais tempo para o lazer. Que tal cultivar o olhar da descoberta? Como seria reconhecer e privilegiar a metade cheia do copo?

Além de desenvolver uma atitude saudável com pensamentos construtivos, é possível, por meio da administração das nossas percepções, diminuir as reações ante situações estressantes. Trata-se de aprender a ser mais ágil e racional para interromper um processo negativo, desvencilhando-se de experiências perturbadoras. A proposta é, diante de cada situação, ser capaz de enxergar a oportunidade de reorganizar formas e funções.

A autonomia responsável

É FUNDAMENTAL QUE NOS REEDITEMOS constantemente, navegando e regulando novas modelagens. O ponto de partida para essa travessia é a maneira pela qual você tece a relação consigo mesmo. *Se souber como funciono e como não funciono, ao me conhecer, posso intervir sem me perder ou me desorientar, configurando e aproximando-me do desenho de minha história.* No entanto, a maioria de nós sofre de um estranhamento de si mesmo.

> **EXPERIÊNCIA PRÁTICA**
>
> É muito comum, ao final de uma dinâmica, perguntarmos às pessoas como elas se sentiram. A resposta padrão é "normal". Então, reformulamos a pergunta: o que vocês pensaram enquanto realizavam a atividade? Ou ainda: que sensações marcaram sua experiência? É bastante habitual ninguém se pronunciar. Permanece um ponto de interrogação no ar que ainda é maior quando questionamos: que vida você quer viver? Uma aluna enviou a seguinte mensagem: "No alto dos meus 50 anos, ainda não sei responder a esta pergunta".

É preciso modificar essa fórmula de distanciamento, organizar o acolhimento e visitar-nos, tecendo uma conexão entre camadas, reunindo a textura das sensações. Algumas vezes, esse distanciamento íntimo manifesta-se pelo uso exacerbado do intelecto em detrimento da sensibilidade. São pessoas que pensam a vida. No caso dessas pessoas, a pergunta "Como você está sentindo-se?" é seguida por respostas que começam com "Acho" ou "Penso", acompanhadas de argumentos racionais que revelam opiniões, mas não sentimentos.

É bastante perceptível quando alguém mascara sintomas de depressão, recorrendo a escapismos. Lembro-me de um aluno que foi isolando-se e excluindo-se da vida social. Toda vez que era questionado, despejava um inteligente compêndio de fórmulas intelectuais que justificavam suas ações. Ele podia declamar um rosário de teorias analíticas e comportamentais, mas era evidente que não percebia os mecanismos do próprio engano.

O mais importante é não restringir as atitudes às operações mentais, fazendo as pazes com as emoções e não desassociando a teoria da prática. Não bastam a informação e o conhecimento que não é transformado em sabedoria de viver. À medida que intensifica o sensorial, criando um diálogo íntimo com cada situação, você dá tempo ao tempo, para experimentar todas elas.

Há também o perfil que se move por sentimentos e sensações simultâneas. Conforme já foi mencionado, são pessoas que sentem o mundo antes de pensá-lo. As pessoas emocionais são entusiastas naturais. O desafio é não se perder na intensidade das emoções e "aprender a contar até dez". É muito agradável conviver com pessoas espontâneas. O problema é quando as emoções avassaladoras promovem atitudes impulsivas e impedem a clareza. Nesse caso, a grande lição é orientar-se em meio às oscilações emocionais, desenvolvendo a autopercepção. Ao mesmo tempo é preciso alinhavar uma vivência por meio da compreensão não somente intuitiva, mas racional e teórica. Isso evita os excessos empíricos, enquanto nos apropriamos de cada experiência.

> É comum supervalorizar a mente ou a emoção, a razão ou a intuição quando, de fato, é possível desenvolver, concomitantemente, as muitas estruturas da mente. Hábitos como a diversidade da leitura, práticas criativas que estimulem o pensar, assistir a bons filmes, aprender idiomas, desenvolver novas competências, técnicas de relaxamento e de concentração, entre outros, podem inserir-se em nossa rotina diária. Sugiro dosar atividades que proporcionem alimento, descanso e flexibilidade física e mental.

Dicas e exercícios para educar a atenção

A IDÉIA É PROPOR FERRAMENTAS que favoreçam a habilidade de concentração. Lembre-se: você aprende a escrever escrevendo. Só é possível desenvolver uma mente mais focada mediante exercício e atitude. Assim como a prática de um esporte, a educação da atenção exige dedicação e treino.

Sempre digo durante os treinamentos que, infelizmente, na nossa grade curricular desde a infância não existe uma matéria denominada "educação da atenção". Ouvimos repetidas vezes: *Você não presta atenção!* Mas os próprios educadores, embora identifiquem a dispersão dos alunos, não foram treinados a desenvolver sistematicamente a capacidade de concentração.

Muitos profissionais sofrem um conflito ao longo de sua carreira. É necessário planejar e organizar-se ante as urgências e os incêndios das equipes cada vez mais enxutas. A queixa mais comum das empresas é a enorme dificuldade de cumprir o planejamento para atingir metas. Você pode ter uma agenda perfeita e ainda se perder no meio do caminho. Raríssimos cursos de administração do tempo e planejamento conseguem minimizar a lacuna que depende tãosomente da capacidade de educar a própria atenção.

Se deseja aprender a diminuir a dispersão, o primeiro passo é decidir a vida que quer viver e planejar uma nova rotina, favorecendo um olhar de descoberta para estar mais atento a cada momento do seu dia-a-dia. É fundamental treinar o poder de concentração e assumir, tal como veremos nos próximos capítulos, a administração do seu estado de ânimo, a educação da vontade e alguma atividade física que o revitalize e promova seu bem-estar.

ARMADILHAS

Se você pretende intervir voluntariamente para mudar atitudes, esteja certo de que você será, a todo instante, confrontado com seu propósito. Qualquer mudança exigirá uma introspecção contínua, paciente e amorosa. Contínua, porque requer a autoconsciência, regida por uma observação vigilante e alerta. Paciente, porque a força dos velhos hábitos funcionará como alarme de contravenção. Amorosa, porque a base de qualquer reestruturação precisa estar amparada pelo acolhimento de si.

Sugiro que deixe de lado qualquer vaidade, excesso de auto-importância ou o descuido para consigo mesmo. Faça uma lista de pequenos pretextos ou artimanhas camufladas que o impeçam de cumprir uma promessa. Entre elas, as mais comuns são as de ordem externa, como a mudança climática, a falta de tempo e de dinheiro, os constantes apelos dos demais, *meu pai, minha mãe* ou *meu chefe*. Além disso, há ruídos internos, como o desânimo, a dispersão, a irritação, o cansaço, a preguiça, a ansiedade. Enfim, nosso leque de justificativas é muito criativo. Lembre-se de que qualquer justificativa de toda ordem é apenas uma justificativa.

Sempre e quando se ouvir dando desculpas, tentando explicar por que esqueceu ou não cumpriu um compromisso, anote essas evasivas prediletas. Tente passar um tempo sem exaltar-se ou defender-se. Assuma simplesmente que não fez, não cumpriu, sem transformar-se em mártir ou vilão da história.

Experimente deixar de lado as diferenças de opinião. Assuma seu quinhão de responsabilidades e reconheça os artifícios que respaldam os argumentos infindáveis. Ao querer uma mudança, você será testado na sua vontade e na sua determinação. Em vez de lutar contra as resistências naturais, é possível transformá-las. Brigas com o piloto automático só fortalecem o crítico interno que procurará manter a ordem estabelecida. Por isso, é fundamental mobilizar-se para a realização de seus objetivos, desorganizando o velho e organizando novas ações.

INTROSPECÇÃO

Na verdade, é preciso rever o modo de vida, decodificando nossas reações e compreendendo a maneira pela qual lidamos com os fatos. Não mudamos ninguém, mas podemos intervir no nosso modo de lidar com as coisas. Do contrário, diante do primeiro obstáculo, você responderá de forma automática e, muito provavelmente, vai se dispersar. Contudo, de nada servirá a introspecção ou qualquer prática de relaxamento se você não compreender a força dos hábitos indesejáveis e substituí-los com a intervenção da vontade e da inteligência.

Graças à introspecção, desenvolve-se o discernimento entre o que é ou não desejável. Mas, antes de tudo, que tal mudar o foco de atenção por alguns instantes, retirando a intensidade emocional do objeto em questão? Mexa-se, dance, limpe a casa, encere o carro, faça algo até que seu organismo retome o equilíbrio. Acalme-se. O primeiro cuidado é o de permanecer tranqüilo. Procure ouvir uma música adequada que o deixe em estado de serenidade. Assegure-se de que não será interrompido e de que poderá concluir todas as etapas da introspecção. Telefone e campainha são impedimentos externos que motivam o abandono da experiência.

Em seguida, uma vez estabelecida uma meta, tendo em conta as prioridades e os requisitos necessários para alcançá-la, ao analisar suas reações diante dos obstáculos, você terá um parâmetro de como atua quando está em seu piloto automático. Assim, poderá decidir por uma mudança qualquer de atitude. Vamos lá!

META: estabeleça uma meta, de preferência algo bem concreto, como estudar outro idioma, mudar de apartamento, iniciar uma atividade física, entre outras. Escolha algo que realmente lhe interesse.

REQUISITOS: vamos supor que opte por começar a estudar francês. É preciso, entre outras coisas, comprar jornais, procurar na lista telefônica ou na internet, pedir sugestões aos amigos, conhecer as escolas, reservar dinheiro e tempo, enfim, matricular-se. Trata-se de analisar minuciosamente, passo a passo, e decidir o modo pelo qual realizará sua meta.

BALANÇO: você olha os requisitos e avalia o que já está fazendo e o que ainda não providenciou. É apenas para que perceba o quanto está ajustado à realidade. Imaginemos que já procurou escolas, mas ainda não tem dinheiro sobrando. Sem dinheiro, por exemplo, não há como pagar a matrícula. Aproveite e organize os requisitos, em forma de prioridades e necessidades, ajustando seu plano de ação à realidade.

OBSTÁCULOS: liste agora os obstáculos internos e externos que o impedem. No exemplo acima, suponhamos que os obstáculos internos sejam pouca motivação, desânimo, cansaço, dispersão e preguiça. E imaginemos que considere estes obstáculos externos: *a família toma todo meu tempo livre; fico sem dinheiro antes que o mês acabe; minha casa vive cheia de gente.*

ESCOLHA UM OBSTÁCULO: entre todos os impedimentos acima, escolha aquele que realmente acontece com maior freqüência, minando sua predisposição para "botar a mão na massa". Vamos supor que seja: *minha casa vive cheia de gente.*

REAÇÕES DIANTE DO OBSTÁCULO: agora, anote exatamente os pensamentos que assolam você quando está prestes a dedicar-se à sua meta e esse impedimento aparece. Imaginemos que, ao sair, cheguem alguns familiares de improviso. Exemplo: *Outra vez! Não é possível! Será que eles não percebem que são inconvenientes? Telefone existe pra quê? Eu nunca vou conseguir sair dessa! É sempre assim! O que eu faço? Não tem jeito mesmo!*

A educação da atenção

REFLEXÃO: antes de tudo, respire e relaxe novamente. Mude o estado de ânimo, fazendo pequenas respirações, e, se julgar necessário, coloque uma música para relaxar. Agora, pergunte-se: *o que poderia ter pensado? Como poderia ter agido? O que poderia ter falado? De que forma refaria a mesma situação de modo mais adequado?*

MUDANDO A ATITUDE: refaça a cena na sua tela mental. Imagine que está prestes a sair e chega um visitante. Você toma um rápido café com ele. Diz que sente muito, mas tem um compromisso inadiável. É possível que solicite que volte mais tarde. Aproveite para dizer que anda muito ocupado e que, por gentileza, telefone antes de vir.

O importante é se concentrar naquilo que está fazendo ou pretendendo fazer. Assumir o poder de moldar as atitudes, baseando-se no que considera desejável, sem se prejudicar ou prejudicar os demais. Lembre-se: sempre estaremos lidando com imprevistos, que podem transformar-se em oportunidade para expandir o horizonte de possibilidades.

LAVANDO LOUÇA

Com a coluna ereta e flexível e os joelhos levemente flexionados, vigie a mente que gosta de divagar. Traga-a, amorosamente, para observar o que está fazendo. É preciso driblar os incômodos e as formas sutis de auto-sabotagem. Alie-se ao movimento da respiração que o ajudará a manter o ânimo estável.

Por fim, desperte os sentidos e identifique as sensações, acompanhando-as, passo a passo. Observe os utensílios da cozinha, a textura e a forma dos objetos. Relaxe os olhos e a musculatura facial. Compenetre-se com delicadeza na água que escorre por seus dedos. Relaxe os ombros e, leve-

A educação do querer **59**

mente, os joelhos, cuidando para não manter tensões desnecessárias. Se tiver coragem de persistir na simples tarefa de lavar a louça, aumentará a disponibilidade de entregar-se, sem reservas, ao momento presente.

TOMANDO BANHO

Curta o banho como se tratasse de uma das sete maravilhas do mundo. Sinta a água desmanchar-se ao contanto com a arquitetura corpórea. Use esponja de cerdas naturais, que ativará a epiderme. Massageie-se com firmeza e delicadeza. Aproveite para alongar-se e despertar a circulação. Vire um pouco mãe de si mesmo: nutra-se e cuide-se.

Entregue-se ao momento, percebendo o cheiro, a textura, o sabor de estar consigo, a vitalidade contagiante, o repouso merecido. Procure não se dispersar com nenhum pensamento. Deixe-os escorrer com a água e veja que tudo passa. Uma coisa leva à outra. Quem sabe, você se animará a buscar o mesmo prazer em cada instante e nos pequenos detalhes da vida.

DIRIGINDO

Como é refazer o mesmo trajeto diariamente? Será que não pensa em nada e, quando chega aonde quer que vá, foi como um passe de mágica? Que caminho percorre sua atenção? É do tipo que fala sozinho dentro do carro? Mantém firme a visão e a mão no volante? Procura ultrapassar o tempo todo ou segue o fluxo atentamente?

E quando pessoas desatentas atravessam a sua frente? Fica furioso ou faz de conta que nada acontece? E quando pega um congestionamento *daqueles*? Caso não tenha a mínima paciência, aprenda a respirar para tranqüilizar-se. Perceba a facilidade com que perde o bom senso. Se nunca busca caminhos novos, que tal inová-los? Observe igualmente quão fácil é desviar a atenção da tarefa em si, mergulhando em mil confabulações.

PARA COMBATER A DISPERSÃO

Permaneça alguns instantes bisbilhotando o ponteiro de segundos do seu relógio. Concentre-se nele. Caso venham outros pensamentos, deixe-os passar e preste atenção unicamente aos ponteiros. Comece com 30 segundos. Depois de alguns dias, prove um minuto. Persista e, com o passar dos dias, aumente mais 30 segundos. Vá, paulatinamente. Evite tensões desnecessárias. Repita esse exercício a qualquer hora do dia.

Outra prática, ainda mais simples, é concentrar-se na palma da mão com curiosidade. Perceba os desenhos, as formas geométricas, as marcas do tempo, as veias, a textura da pele. Inicie com poucos segundos. Vá aumentando o tempo bem devagar. Você pode usar esse exercício de concentração antes de alguma tarefa que exija muito foco ou quando está sendo açoitado por pensamentos ou emoções que tiram sua capacidade de estar inteiro.

PARA COMBATER A RIGIDEZ MENTAL

Este exercício pode ser realizado individualmente, em grupo ou em dupla (façam um círculo com uma vela no centro). Inicie com um minuto. Pouco a pouco, aumente o tempo até atingir entre 10 e 20 minutos. Busque uma postura cômoda e, sem abandonar o corpo ou promover rigidez desnecessária, sente-se diante da vela acesa. Foque a atenção na chama da vela. Relaxe o olhar e as tensões. O pensamento e a emoção estão na vela. Ao terminar, feche os olhos e deite-se por alguns instantes, aproveitando para descansar.

Outra forma de treinar a qualidade expansiva da mente é deitar-se observando o céu, sempre e quando o sol não estiver muito forte. Deitado de costas, você olha o desenho das nuvens ou simplesmente relaxa o olhar, fixando-se na imensidão azul. Quando puder, experimente sentar-se no alto de uma colina e concentrar-se na grande extensão da natureza ou no desenho das estrelas. Estando no litoral, aproveite para relaxar, observando as ondas do mar e a linha do horizonte.

EXERCITE A MEMÓRIA

- **UTILIZE** ao máximo a sua capacidade mental (atividades que estimulem o crescimento dos circuitos neurais do seu cérebro).

- **APRENDA** a focar sua atenção (exercícios de concentração).

- **ESTABELEÇA** uma rotina com exercícios respiratórios, meditação, contato com a natureza. Lembre-se de que o estresse atrapalha a concentração e deixa o cérebro sem força suficiente para operar.

- **EXPERIMENTE** exercícios mentais, como associar fatos a imagens ou acrescentar outros significados ao que você quer lembrar. Isso fortalece as conexões entre os neurônios. Exercícios de visualização e de sensibilização dos sentidos também ajudam. Use o bom humor para promover associações.

- **PREFIRA** uma dieta balanceada, com refeições na hora certa. Inclua alimentos como pães, cereais, vegetais, frutas, óleo de milho (tiamina, ácido fólico, vitamina B12). Mastigue bem os alimentos (em uma pesquisa realizada no Japão, cientistas da Universidade de Gifu descobriram que o movimento das mandíbulas conserva as lembranças por mais tempo).

- **BEBA** água diversas vezes ao dia (a desidratação pode levar à confusão e a outros problemas de pensamento).

- **PROCURE** manter horas de sono regular (durante o sono, o cérebro se desconecta dos sentidos e processa, revisa e armazena a memória).
- **EVITE** a síndrome da fadiga da informação ou o excesso de conteúdo. Determine o que está disposto a receber de informação, limitando a absorção de conhecimentos novos às horas específicas.
- **USE** um diário ou uma agenda. Crie uma espécie de memória paralela, tentando liberar-se de tudo que puder ser armazenado em outro lugar. Faça anotações dos seus compromissos e afazeres, não sobrecarregando os neurônios de responsabilidades desnecessárias.
- **EQUILIBRE** seu modo de vida.

Abecê da atenção

- Crie uma rotina com exercícios para educar sua atenção (isso ajuda a acalmar os ruídos da mente e o excesso de energia), mas não esqueça sua agenda!
- Aceite desafios (mas conclua cada projeto).
- Avalie cada projeto (os prós e os contras).
- Estabeleça uma estrutura externa (incluindo planejamento e prazos).
- Subdivida tarefas grandes em menores, definindo prazo para a realização de cada etapa.
- Priorize em vez de adiar.
- Não crie uma pasta de coisas a fazer (resolva tudo no ato).
- Aprenda a reconhecer as condições favoráveis para você dar o melhor de si (não se compare aos demais).
- Evite o excesso de concentração ou de dispersão.
- Programe atividades com amigos e cumpra esses compromissos (mantenha uma agenda social).

- **Desenvolva estratégias para superar as oscilações de humor (nomeie os sentimentos).**
- **Zere seu termômetro negativo e aceite o *feedback* de pessoas confiáveis.**
- **Aceite e procure ser incentivado no que faz.**
- **Procure transformar as circunstâncias que o cercam em condições ideais e adequadas.**
- **Crie um modo de vida prazeroso e responsável.**

A educação da vontade

Capítulo II

Tecelagem íntima

Como você lida com a fome de desejar tudo ao mesmo tempo? E com a falta de motivação, a agitação, a famigerada pressão externa? Como tem passado seu general? Que tal dar-lhe férias? Dá para perceber o grau da cobrança interna constante? Talvez seu estilo pessoal de reagir às adversidades seja o de extravasar as emoções e sair por aí repartindo farpas de mau humor.

Ainda há o estilo desligado do gênero: *Ufa, tô fora!* Começa uma guerra e, como sempre, ele é o último a saber. O mundo está desabando e dá preguiça até de rolar barranco abaixo. Quando as coisas parecem estar fora de controle, o mais provável é fugir de qualquer situação embaraçosa, abafar as emoções, mantendo-se distante.

Aliás, como lida com imprevistos? Em vez de desligar-se, você se descontrola e se perde? Diante de uma crise, a resposta imediata retrata a forma pela qual reagimos emocionalmente no dia-a-dia. Perder-se e deixar-se levar pelas intensidades destempera a vida; contudo, permanecer em cima do muro e anestesiar-se será motivo para perder o sabor de viver.

Imagine que toda situação, pensamento ou imagem mental dispara uma espécie de assinatura molecular que chega até nós pelo vento. Percebe-se algo imediatamente associado a outra coisa similar e a reação é automática. Caso o pivô inicial despertasse uma memória desagradável ou inconsciente, equivaleria a sentir, no ato, *cheiro de encrenca*. É como se prender a um emaranhado de sensações, atreladas umas às outras. A cegueira é tamanha que é possível julgar os demais responsáveis pelo que nos ocorre.

> Imagine que você está habituado a pegar um táxi e descobre que o motorista dá voltas desnecessárias. Invariavelmente, você se sente lesado. Um dia, decide imprimir o mapa para acompanhar o trajeto. Acontece que o taxista se engana verdadeiramente. Você se irrita porque tem certeza de estar vivendo a mesma situação repetidas vezes. Prepara um discurso triunfal decidido a não pagar o que está no taxímetro. Você está pronto para desabafar sua fúria, mas o motorista o surpreende e vai logo dizendo: "Pague só a metade porque eu me perdi e não é justo o senhor pagar pelo meu erro". Cuidado. Não se deixe guiar por memórias negativas que possam afastar novos resultados, mais positivos.

Ao longo dos anos, pudemos observar e validar entre as mais diversas equipes que a qualidade do seu trabalho é, em grande medida, proporcional à sua atenção. Em discussões de grupo, procuramos inventariar as causas que provocam a sensação de perder o fio da meada e, portanto, comprometer a tarefa. As pessoas são unânimes ao admitir que o fator determinante da perda de foco é a dificuldade de lidar com as emoções.

> **EXPERIÊNCIA PRÁTICA**
>
> O clássico caso "meu chefe me tira do sério". De repente você está lá, concentrado: "Estava limpando a máquina e ele chegou com a grosseria habitual. Fiquei mordido com tanta falta de respeito e perdi a vontade de trabalhar. Sem falar que levantei às 3h30 da manhã e agüentei o tranco na fiação, cheguei em casa com a mulher buzinando na minha orelha. Eu vivo nervoso. A única coisa que me alivia é ir tratar dos passarinhos..."

Lembro-me de uma história. Havia um senhor que todas as manhãs comprava o jornal na mesma banca. O vendedor, sempre grosseiro, tratava-o mal, mas o senhor permanecia impassível. Um belo dia, ele estava acompanhado de um vizinho que presenciou a mesma cena de mau humor. O vizinho indignado perguntou: "Mas por que responde a tamanha grosseria com tão boa educação?"

"Muito simples", respondeu o senhor. "Eu não quero que os outros determinem como eu devo ser."

Estamos expostos a muitas situações externas que fogem do nosso controle. A tendência é responder a elas no piloto automático. A mais árdua e gratificante aprendizagem é desenvolver autonomia e decidir quem queremos ser. Não podemos ignorar que nas grandes cidades o estresse é coletivo e abrangente. Portanto, gerenciá-lo é tarefa de todos.

O sociólogo italiano Domenico De Masi (2000, p. 236) lembra-nos que passamos a maior parte de nossa vida fechados em escritórios. "Hoje, ele (o executivo) vive trancado dentro da empresa e acaba, assim, tendo menos idéias e cada vez mais medo do mundo." Estamos carentes de tempo para o lazer, para amenizar o cotidiano com atividades que reponham nossas energias. Mas De Masi afirma também que o grande desafio no bom uso do tempo é, "Em suma, dar sentido às coisas de todo dia, em geral lindas, sempre iguais e sempre diversas, que infelizmente são depreciadas pelo uso cotidiano" (*Ibidem*, p. 321). Ele refere-se a, por exemplo, jogar conversa fora com um desconhecido, admirar as pessoas do seu convívio e as coisas simples que estão à sua volta e passam despercebidas.

Cabe a cada um de nós desenvolver estratégias apropriadas que previnam o estresse e nos ajudem a lidar com o próprio estado de ânimo. Basicamente, assegurarmos momentos de relaxamento e descontração. Algumas pessoas relaxam no banho, outras alimentando passarinhos, preparando um jantar gostoso, ouvindo música, lendo um livro ou correndo no parque.

> **EXPERIÊNCIA PRÁTICA**
>
> O depoimento de uma aluna resume a estratégia. "Eu vivia dizendo que não tinha tempo para relaxar. Um dia, descobri um *pet shop* que fica perto do meu escritório. Fiquei surpresa porque havia atravessado a rua tantas vezes e nunca notara o tal *pet shop*. Parei uns instantes e brinquei com aqueles filhotes. Agora é como um tipo de exercício diário de concentração. Acaba me enchendo de ternura."

A qualquer momento, é possível remodelar-se. Para isso, é necessário assumir a aprendizagem emocional. Pense em um treino muscular. Um músculo se atrofia sem movimento. O abandono, bem como todo excesso, produz desequilíbrio. O mesmo acontece com nossos estados de ânimo.

Se a pessoa não estiver bem, seu intelecto não pode dar o melhor de si. Mas, antes de tudo, é preciso saber o que se sente. Do contrário, você vai reforçando a insegurança e perdendo a auto-estima. O grande desafio é fazer as pazes com suas emoções e desenvolver um vocabulário adequado para expressá-las. Isso equivale a identificar e verbalizar qualquer sensação. A terapia pode ser uma grande aliada no caminho do autoconhecimento, mas o trabalho interno de se auto-observar é permanente e diário.

Não se trata de viver submetido a um general interno repressor, preenchendo a vida de deveres e de ordens abusivas que solapam a criatividade e a expressão. "Controle não é domínio. Todo controle é coercitivo e cria uma rigidez desnecessária. O domínio, ao contrário, é tornar-se mestre de si" (Di Nizo, 2001b, p. 31).

Raramente é possível prever uma emoção, muito menos qual delas pode nos arrebatar. Algumas persistem e outras passam com tempo e paciência. Se deixar as coisas ao léu, é provável que os estados emocionais perdurem. Ao contrário, quando você estabelece uma parceria consigo, é possível interferir na duração e na atitude perante eles. Proceda, tal qual faria um escultor, regulando, tirando excessos e preenchendo vazios. Modele-se com originalidade e graça.

Mentes que pensam e mentes que sentem

A PROPOSTA É AGIR de acordo com sua consciência, buscando tirar a intensidade de ações intempestivas ou do excessivo retraimento. Se seu impulso básico for imaturo e carregado de pequenos egoísmos, isso não significa que sempre será desse modo. Tudo depende de como quer se expandir e da vida que quer viver.

Imagine uma situação de perigo. Muitas vezes não avaliamos os riscos e a maneira mais prudente de agir. A mente emocional dispara reações impulsivas que parecem inevitáveis. No entanto, é possível intervir diretamente nos pensamentos, não permitindo que eles intensifiquem ainda mais as emoções.

Conhecer o diálogo interno da mente emocional requer uma paciência amorosa e vigilante. Mas lembre-se de que entregar-se às paixões desenfreadas não é mais propício do que nunca se permitir viver o inusitado. Quando as emoções primárias inflam o ego com um discurso de poder, de vaidade e de orgulho exacerbado, há muito trabalho pela frente. Ao contrário, se a conversa interna for constantemente negativa como se enxergasse a vida em branco e preto, você também precisará de determinação para reestruturar sua percepção de mundo. A imagem desinflada ou inflada de si mesmo tece um abismo profundo entre você e suas capacidades reais, limitando a comunicação intra e interpessoal.

> Há pelo menos dois perfis típicos em nossos *workshops*: o de pessoas que acreditam já saber quase tudo e o daqueles que se sentem um zero à esquerda. Se você acha que nada tem a aprender, dificilmente se abre para o novo. Nossa tarefa é desafiá-lo a descobrir o inusitado e superar-se sempre. Os que julgam não saber nada acabam descobrindo o que já sabem e que os próprios recursos internos são os alicerces de sua expressão no mundo.

Embora não se possa interferir na reação da mente emocional, é possível reorganizar-se internamente, desfazendo imagens negativas que, porventura, tenha de si ou da vida. Por essa razão, é necessário aprender ao mesmo tempo a administrar as emoções e a desenvolver a mente racional a fim de articular pensamentos mais elaborados. Trata-se de anteceder-se a cada situação, interferindo na estrutura mental. Assim, é possível estabelecer critérios para reorganizar-se internamente e intervir em nosso modo de vida, abrindo novas trilhas que assegurem o bem-estar.

> **EXPERIÊNCIA PRÁTICA**
>
> Outro depoimento que ouvimos ilustra bem a questão: "Eu estava assistindo ao *Fantástico* quando apareceu aquela matéria falando da importância da respiração, do relaxamento. Pensei logo em vocês. Lembrei muito das vezes em que eu me estressava por qualquer coisa. De repente, eu percebi que podia respirar e não disparar na minha loucura habitual. Hoje eu sei que posso brigar menos com os imprevistos. Em alguns momentos eu percebo que meu diálogo interno é como antes, a diferença é que agora consigo decidir como vou me comportar".

Gramática da razão

Vamos supor que você ainda privilegie a mente racional e acredite que o mundo deva organizar-se somente de acordo com suas crenças. E, ainda por cima, que sua idéia de perfeição o torne meticuloso, cheio de critérios e, a cada dia, mais impaciente, severo e exigente consigo, com tudo e com todos. Em vez de imaginar a máquina ideal do mundo desenhada por você, que tal imaginar um sistema holográfico tecido por muitas mãos?

Você já pensou que um mapa do planeta Terra obedece a um método predeterminado em cada projeto? E que podemos arquitetar diferentes mapas da Terra porque são muitas as alternativas de enxergá-la? É possível construir novas formas do pensar, a fim de olhar qualquer fenômeno sob diferentes prismas.

Para que a mente que pensa se transforme na parceira ideal, é preciso não apenas torná-la flexível, como conhecer a natureza dos pensamentos. Isso significa evitar tanto o hábito de erguer um paredão emocional, ou de dramatizar, quanto de enfatizar a repetição implacável do que poderia acontecer. A proposta é que, ao longo das experiências, você perceba por meio da introspecção o que sente e pensa a respeito de qualquer fato. É quase como vasculhar o que, muitas vezes, não dizemos a nós mesmos.

EXPERIÊNCIA PRÁTICA

Vejamos um exemplo da dificuldade de se autoperceber: "Quando me contataram para fazer uma apresentação, eu entrei em pânico. Imagine só que se tratava de um assunto que eu domino de sobra. Eu não teria problema algum com o conteúdo, o que já era reconfortante. Eu sabia que o resultado poderia alavancar definitivamente minha carreira. No fundo, eu nem parei para identificar ou perceber a natureza dos meus pensamentos e dos meus temores. Aos olhos dos demais, eu era pura indiferença. Até eu mesmo acreditei que no final das contas tudo daria certo. Resultado: três dias antes do evento, fui tomado por um estado de angústia insuportável. Liguei para meu contato e cancelei o evento."

Quando algo acontece dentro de você, várias coisas são processadas ao mesmo tempo. O intuito é ordená-las, a fim de obter bases sólidas que conduzam à introspecção. Em primeiro lugar, a resposta ante uma circunstância muito provavelmente escapa à vontade consciente. É uma operação externa ao campo de atenção, portanto a reação tende a ser involuntária. Por outro lado, considerando que o cérebro realiza operações simultâneas, é possível focalizar a atenção com o objetivo de tranqüilizar-se.

EXPERIÊNCIA PRÁTICA

Um funcionário de uma das grandes montadoras de automóveis no Brasil, da área de TI, procurou-nos assustado porque passaria a ter a função de multiplicador. Portanto, teria de dar palestras não somente na sua região como nas demais unidades. Montamos um programa com encontros regulares para atendimento individual, mas a condição no seu caso era que o início do processo acontecesse em um *workshop* aberto de Fala Criativa. Ele resistiu muito a participar de um trabalho em grupo. Explicamos que nossa proposta não era expor ninguém ao ridículo e que os exercícios de teatro aconteciam em subgrupos. Afinal, a integração das pessoas permitia um apoio mútuo no seu mergulho interno. Deixamos claro também que as dinâmicas lúdicas, quando conduzidas a contento, acabam surpreendendo por proporcionar condições de auto-aprendizagem inestimáveis. Resumindo: alguma coisa aconteceu durante o *workshop* que o fez desandar a se expressar de um jeito absolutamente genuíno, espontâneo. Ele veio a seguir para o primeiro encontro e nos disse: "Eu já iniciei as palestras na empresa e, embora continue sentindo o frio na barriga antes de começar, percebo que dou conta do recado. Realmente é como se eu me lançasse em um abismo. Só que eu já sei que não há abismo nenhum. Lembrei-me da experiência do *workshop* e fui acalmando essas vozes com a respiração e, quando encarei as pessoas olho no olho, não tinha bicho-papão nenhum: todos eram como eu e vocês. Acho que não preciso continuar o programa".

Então, a condição para se tornar apto a novos parâmetros de conduta é perceber e aceitar uma emoção. Em suma, ante qualquer desafio, você pode acalmar-se e escolher a estratégia apropriada. Essa faculdade de aprimorar as respostas exige reunir e compreender o que os sentidos percebem. Ao mesmo tempo, exige a habilidade de pensar sobre um sentimento.

Os relacionamentos, com muita freqüência, trazem sentimentos à tona. Quando você reconhece o que está sentindo, tem a opção de expressar o sentimento ou não, importando, sobretudo, o grau de honestidade que mantém consigo mesmo. Por isso, é importante prestar atenção às sensações que cada sentimento provoca em seu corpo.

Isso significa que, para reestruturar um esquema mental, é preciso acompanhar, cuidadosamente, o trem de pensamento automático, bem como as sensações (nunca paramos para ouvir o que tentam nos dizer). Nesse caso, devemos nomear tudo que está difuso, mantendo uma postura de retidão e sinceridade.

Esse pensar sobre o que se sente precisa ser isento de críticas e das crenças acerca do que pode acontecer ao expressar-se. Cuide para não julgar o que está sentindo. É necessário enxergar além das opiniões que temos sobre nós mesmos e além do que os demais pensam a nosso respeito. Antes de tentar entender e de se organizar, sinta. Apenas sinta plenamente!

EXPERIÊNCIA PRÁTICA

O relato a seguir demonstra a importância de se auto-observar. "Eu trabalhava tanto que não tinha tempo de prestar atenção no que acontecia comigo. Acabei engolindo muito sapo porque achava que para atingir meus objetivos profissionais poderia pagar qualquer preço. Eu tinha horror a situações de confronto que pudessem alimentar minha agressividade. Então, claro, eu não podia sequer admitir insatisfação para não sentir

> raiva, que me parecia algo indigno. Eu tinha um autoconceito muito positivo de mim mesmo. Minha auto-estima parecia invejável. No meio de todo sucesso profissional, comecei a ficar impaciente com os familiares e as pessoas mais próximas. Era como se elas me fizessem perder tempo. Eu as estava ignorando. Fui invadido por uma sensação terrível de vazio e caí em depressão."

O perigo é tentar classificar os sentimentos à custa de deixar de sentir. Mas cuidado! Isso não significa que sentindo raiva você tenha o direito de sair explodindo. Quando você se dá conta do que está acontecendo dentro de si, é possível cooperar com a vida. Quando aprende a conversar a respeito da sua atitude diante da vida, as feridas começam a cicatrizar. Assumir o que sente e expressar-se com adequação é um ato de amor-próprio que muda sua relação com as experiências.

Por outro lado, enquanto as reações forem submetidas às lembranças ou sensações caóticas do passado, sem a mobilização do esforço pessoal, dificilmente você será capaz de integrar uma atitude transformadora. Trata-se de pequenas ações que respaldam a decisão de optar pela autoconsciência.

De fato, os nós biológicos são redefinidos, modulados em permanência, mediante nossa intervenção e interação. Influências do ambiente, cultura e tecnologias, entre outros, permitem a estruturação de nossa vivência, metamorfoseando-nos continuamente.

Para o cientista cognitivo norte-americano Marvin Minsky (1988), a mente é constituída de peças e pedaços. Assim, cada um de nós é tecido por uma rede de conexões ligando uma unidade a outra, ora como organismos independentes e auto-suficientes ora entrelaçadas ao todo. O ser humano é dotado de todas as capacidades em graus diferentes, mas cada qual representa uma multidão complexa e única.

Há uma infinidade de situações constrangedoras que ninguém deseja viver. Porém, cada uma preenche uma função específica de aprendizagem. Por isso, vão reproduzir-se até que se aprenda a lidar com elas. À medida que permanece fiel ao compromisso que tem consigo, você aprende a lidar com a mente emocional e a racional. Por fim, passa a organizar o seu acolhimento. Isso o tornará apto a não apenas administrar suas emoções, como a desenvolver o auto-respeito. Não basta ter uma visão positiva de si quando não se é fiel aos próprios valores, propósitos e princípios. Ao reconhecer a própria dignidade, você tratará os outros também com respeito e com uma generosidade natural.

O armazém da emoção

Durante muito tempo, considerou-se que o raciocínio era a chave mestra da aprendizagem. Sabe-se hoje que tanto o repertório emocional quanto a disposição distinta para pensar e agir dependem da memória emocional. Mas por que reagimos assim ou assado? O que condiciona os açoites bruscos de comportamento? Cada um de nós atribui sentido e interpreta qualquer situação com base em uma operação associativa.

Ante os apelos ou circunstâncias externas, à medida que as situações se repetem, o homem grava tendências que modelam suas ações e decisões. Alguns registros são provenientes da mais tenra infância, quando ainda não se tem o poder de articulação verbal ou de organização emocional.

Vejamos um pequeno exemplo. Vamos supor que, durante a infância, você tenha vivido dentro de uma estrutura familiar onde imperava a discussão. Toda vez que alguém elevava o tom de voz, a confusão aumentava e sua reação era de pânico absoluto. Então, hoje em dia, quando as pessoas se alteram, você acaba reagindo com o mesmo temor.

Imaginemos ainda que, quando criança, seus pais, em alguma ocasião, para acalmá-lo, fizeram uma promessa que não puderam cumprir. Você se frustrou. Repetidas vezes, essa situação se reproduziu. Você acaba associando, imediatamente, qualquer promessa à frustração e à irritação. Cada vez que se sentir frustrado, a mesma ira vai rendê-lo até aprender a acalmar-se, postergando uma satisfação imediata.

Além disso, observe a tendência de não confiar nas demais pessoas e de comprometer-se com elas verbalmente por pura formalidade, afirmando a crença de que a palavra não tem valor algum. Em seguida, abandona suas promessas. Os outros farão o mesmo com você. Essa bola de neve cresce e sempre haverá motivo para que a famigerada ira bata à sua porta. Assim formam-se hábitos que nortearão nossa vida.

Confiar em si e respeitar o que sente é prova de amor-próprio. Por isso é importante enxergar com clareza o que se quer viver e quanto está disposto a realizar para consegui-lo. Se não souber distinguir o que é verdadeiro para você, tampouco saberá em que direção está sua integridade. Ao contrário, se mantiver um elo de inteireza com sua história, sabendo o que sente e o que quer viver, poderá alterar as reações que estão arquivadas na memória.

Vigie a tendência de passar a vida justificando-se em função de experiências traumáticas ou de um temperamento que determinaria um "destino implacável". *É que sou assim!* E, desse modo, refugiamo-nos atrás de justificativas, tais como: *Meu pai e minha mãe eram assim, por isso sou desse jeito...* Lembre-se: ainda que tenha registros de uma vida emocional turbulenta, nada lhe impede de levar inteligência às emoções e de remodelar hábitos.

Outro tipo de desculpa bem comum é se pautar pelo comportamento social da sua comunidade como tentativa de se eximir da própria responsabilidade. O Brasil tem uma história de ações políticas marcadas pela imoralidade e pela falta de ética. O famoso "jeitinho brasileiro", por um lado, permite uma criatividade exuberante e, por outro, parece legitimar pequenas corrupções de toda ordem. Na hora das eleições, muita gente escolhe seu candidato analisando o quanto ele é tecnicamente competente ou vota em si mesma, isto é, vota em políticos que possam lhe trazer algum benefício. O problema é analisar se ele tem qualidades como ser humano para priorizar o bem coletivo. Em outras palavras, se suas ações merecem confiança.

EXPERIÊNCIA PRÁTICA

Registrado durante anos, em minhas conversas com taxistas.

"Este país não tem jeito, não! É uma roubalheira sem fim. Então, que mal há em sonegar imposto? Vai tudo para o bolso desses políticos sem-vergonha. Sempre foi assim. Por que eu vou fazer diferente?"

As falcatruas do passado (e do outro) não justificam a desonestidade de hoje. A falta de respeito alheia não pode validar os abusos de poder de ninguém. Estamos famintos de moral e ética de convivência social. Certos juízos de valor permitem ou não que o ser humano experimente, por exemplo, o sentimento de compaixão. Essa capacidade de se sensibilizar pela dor dos demais pode desencadear boas ações e inspirar a generosidade para construir uma sociedade mais justa. Para tanto, cabe a cada um e a todos nós não somente revitalizar os valores no cerne da nossa sociedade, como reinventar nossa história.

O desafio é não seguir o que os outros dizem ou fazem, mas questionar-se: quais são os alicerces da minha conduta?

É também compreender por que se reage contra a vontade, sob a égide de um piloto automático, armazenando formas, conteúdos, sensações aparentemente desconexas. Armadilhas remotas. Estamos o tempo todo preocupados com o grau de confiança que podemos, ou não, depositar nas pessoas. Resgatar a consciência de si implica, ao contrário, ser motivado a merecer a confiança dos indivíduos. Trata-se do auto-respeito que depende tão-somente da fidelidade consigo mesmo. Para intervir na administração da sua vida com ânimo renovado, conheça – em teoria e prática – a arquitetura humana.

Gatilho da memória

SUPONHAMOS QUE VOCÊ vá fazer uma pesquisa na internet. Você digita distintas palavras-chave que o remetam ao tema central. Imaginemos que queira buscar uma empresa como a **Casa da Comunicação**. Você poderá chegar ao *site* por meio de uma lista imensa: criatividade, comunicação empresarial, fala, escrita, concentração, atenção, inteligências, lado direito do cérebro, comunicação intrapessoal, desbloqueio, aptidão criativa, educação da motivação, aprendizagem, escrita criativa, foco criativo, liderança, treinamento em empresas, expressão verbal, entre muitas outras. Essas palavras operam por associação e, em pouco tempo, você obterá uma relação de *sites* com informações do assunto em questão. Da mesma forma opera o armazenamento de dados no cérebro.

O objetivo aqui não é especificar a classificação das distintas memórias, mas compreender que a memória foi armazenada percorrendo um grande caminho em uma única e imensa rede associativa. Recuperar esses dados depende da estratégia pela qual foi tecido o caminho de associações. O mesmo acontece quando você estuda. Quanto mais você for capaz de produzir associações, construir histórias ou imagens em movimento que estejam envolvidas entre si, maior será a probabilidade de reter as informações. Os itens dessa rede entrelaçam-se entre si, conectando-se às idéias anteriormente adquiridas.

Muitos são os fatores que favorecem a memória. Todavia, o mais importante é transformar o processo de aprendizagem em algo dinâmico. Por isso, elabore associações motivadoras. Aquilo que aprendemos associado a imagens, cores, ritmos e emoção dispara imediatamente a memória.

O estado de alerta, a disponibilidade emocional, o bom humor e tudo que proporcione prazer são aliados indispensáveis. Daí a diferença entre repetir uma informação como um papagaio e compreendê-la, relacionando causa e efeito. Assim, toda vez que construir uma imagem mental, você estará criando uma via de acesso nessa rede associativa. De igual importância é o grau de intensidade e de envolvimento ao relacionar temas com fatos da vida.

Para o filósofo francês da informação, Pierre Levy (1999, p. 23), "quando ouço uma palavra, isto ativa imediatamente em minha mente uma rede de outras palavras, de conceitos, de modelos, mas também de imagens, sons, odores, sensações, lembranças, afetos etc.". Todo acontecimento dispara as antenas de percepção. São como vetores que enviam, por meio de conexões, alarmes às centrais de informação. Graças à percepção, reconhecemos rapidamente algo sem que tenhamos forçosamente acesso às deduções lógicas. Por essa razão, é básico trazer à consciência as reações, identificar necessidades e satisfazê-las.

O querer

Segundo a definição de Pierre Levy (1999), recorrer à imaginação é um tipo de percepção desencadeada por estímulos internos. Graças a esse mecanismo, é possível enxergar uma situação. Assim, sempre que desejar resolver uma questão, você pode imaginá-la e ponderar os fatos e as alternativas. Em suma, pode-se, continuamente, com base em modelos mentais e de experiências acumuladas, simular interações, investigando formas criativas de expressão que facilitem a escolha acertada.

A imaginação ativa é o pivô do processo criativo. Dessa forma atua um cientista. Primeiro, ele imagina o que quer e, assim, vislumbra na tela mental a concretização de um invento.

O desejo funciona como uma ordem e os pensamentos tratam de realizá-lo. Ao desejar algo e visualizá-lo repetidas vezes, é como se enchêssemos uma bexiga. A cada dia, você sopra um pouco até completá-la. Nesse momento, colhe-se o fruto. (Di Nizo, 2001b, p. 56-7)

EXPERIÊNCIA PRÁTICA

A seguir veremos um relato que ouvi de um dos participantes do *workshop*. "Contaram-me uma vez que o Ayrton Senna, diariamente, não só meditava como usava o recurso da imaginação ativa para criar simulações das suas corridas. Então, ele visualizava de forma meticulosa todo o seu desempenho. Inspirado na sua experiência, comecei a construir simulações de situações desafiadoras. Decidi também antever algumas possibilidades e sempre visualizar um desfecho satisfatório. Pode parecer absurdo, mas eu costumava consumir muito tempo e energia pensando nas minhas próprias limitações diante de qualquer situação ameaçadora. Claro que eu continuo querendo melhorar em todos os sentidos, mas também é importante fortalecer e sustentar uma imagem positiva de si mesmo. O resultado aparece."

Por isso, usufrua com consciência do poder de criar imagens apropriadas para respaldar seu querer. Cada vez que acionar uma imagem, ela disparará uma seqüência de reações. Se perder o tempo imaginando desgraças, a sentinela psicológica enviará um comando ao corpo. De brinde, pode ganhar náuseas, dor de cabeça, falta de ar.

> **EXPERIÊNCIA PRÁTICA**
>
> Lembro-me do seguinte depoimento, também ouvido em um *workshop*: "Quando descobri que estava com câncer, as pessoas que vinham me visitar saíam atônitas com minha disposição. Naquela época, eu dedicava longos períodos a imaginar tudo que eu gostaria de estar fazendo. Parecia loucura, mas eu não perdia a esperança de apostar na minha recuperação. Aquilo funcionou um pouco como um relaxamento e um fator motivador para que, no lugar da passividade ou das queixas, eu buscasse recursos internos e mantivesse meu estado anímico confiante".

Por outro lado, a natureza humana é a mudança. Isso significa a habilidade de agir e transformar. Pode-se interferir na atitude pessoal, como também exercer papel decisivo no ambiente. Toda intervenção é voluntária ou inconsciente. Inclusive, a omissão é uma forma de contribuir para que o estado de coisas permaneça inalterável.

Imagine que você abrirá uma trilha em uma floresta. No primeiro dia, lá está você, altivo, compenetrado, ceifando e abrindo uma clareira na mata. Na manhã seguinte, chove e você acaba achando mais prudente deixar para o outro dia. Amanhece e você volta aos afazeres de desbravador. Até chegar um feriado que emenda com outros compromissos, igualmente importantes. Para cumpri-los, é necessário, também, certa dedicação. E, mais uma vez, junta seus esforços e inicia um novo caminho. A trilha anterior, ao ser abandonada, desaparece.

Pode-se iniciar a abertura de muitas trilhas e não concluir nenhuma. Não basta saber o que se quer fazer. A realização eficiente de cada tarefa requer estabelecer metas, planejar (o que fazer), organizar (como fazer), executar e saber avaliar os resultados; lidar com imprevistos e tornar-se flexível. Muitas idéias mas nenhuma colocada em prática torna as pessoas voláteis e sem direção. Tampouco é saudável um fazer alucinado se a ação está desvinculada do prazer. Fazer por fazer, sem motivação genuína, pode torná-lo insensível e imediatista. Daí a importância de educar a vontade para não só ser fiel aos propósitos mais profundos – aqueles que dão sentido à vida –, como também para agir segundo seu querer.

Fundamentalmente, é necessário perceber o que acontece conosco e à nossa volta. Segundo o escritor norte-americano Anthony Robbins (1987, p. 23-4), somos nós que temos o poder de decidir como sentir e como agir, baseados nas maneiras que escolhemos para perceber nossa vida. Para ele, "nada tem qualquer significado, exceto aquele que nós lhe damos".

Estruturando o próprio querer

A PRIMEIRA TAREFA PARA TRANSFORMAR nossa experiência de mundo é, por meio da auto-observação, identificar os padrões mecânicos. Ao reconhecer a freqüência de pensamentos obstinados e das reações emocionais habituais, é possível distinguir o que é a personalidade e o que, de fato, você almeja expressar.

Em seguida, é fundamental imaginar o desejo com o máximo de clareza possível, mantendo a visão mental adequada. Nada acontecerá se você não se empenhar integralmente. Portanto, liste as razões que justificam sua imersão total em cada etapa. É preciso que seu propósito o mobilize sem trégua. Aproveite e anote as ferramentas e os recursos que já estão disponíveis para auxiliá-lo.

Vamos rever os principais pontos para alcançar uma meta. Suponhamos que você nunca consiga tempo para fazer pequenas coisas prazerosas ou para simplesmente não fazer nada, apenas descansar.

META (OBJETIVO PERSEGUIDO): dedicar uma tarde por semana a si mesmo.

RAZÕES (O PORQUÊ DESSA META): porque não quero mais viver estressado, quero equilibrar tempo de trabalho e de lazer, quero assegurar momentos de tranqüilidade e de repouso, visto que isso me enche de energia para estar bem comigo. Qualidade de vida passou a ser um valor para mim.

VISÃO MENTAL (VISÃO FUTURA DO OBJETIVO SENDO REALIZADO): imagino uma tarde tranqüila à beira de um lago, pescando ou olhando o movimento das águas; imagino e sinto o bem-estar de caminhar à beira-mar; imagino e sinto a alegria de estar descalço cuidando do jardim, lendo um livro, ouvindo uma música suave.

FERRAMENTAS (HABILIDADES, TRAÇOS DE CARÁTER): sou determinado, o que me ajuda sempre a persistir naquilo que quero realizar; no fundo, gosto de tranqüilidade, por isso facilmente aprenderei a descansar e estar comigo mesmo.

REQUISITOS (DEFINIR PASSO A PASSO TUDO QUE É NECESSÁRIO REUNIR E EXECUTAR): a partir de agora não levarei mais trabalho para fazer no final de semana; reservarei as tardes de domingo para estar comigo; programarei passeios que me dão prazer; comprarei os livros que gosto de ler; domingo, desligarei o telefone.

OBSTÁCULOS (INTERNOS E EXTERNOS): inesperadamente, meus familiares despencam na hora do almoço, logo no domingo, quando decidi reservar o período da tarde para descansar; fico sem graça de dizer a eles que tenho compromisso; meu chefe liga em casa, sábado à noite, avisando que segunda-feira haverá uma auditoria e pedindo que eu prepare um relatório que deverá estar em sua mesa segunda, às 7 horas da manhã. As pessoas me solicitam e eu não consigo dizer não. Acho que me incomoda o que venham a dizer ou pensar a meu respeito. Sempre acho que devo estar à disposição. Veja, no caso do meu chefe, ninguém melhor do que eu poderia fazer esse relatório. Então, fico entre a cruz e a espada.

Pense no tipo de dilema entre cumprir um dever do trabalho, da família ou consigo mesmo. Será que agir de forma justa com você, persistindo com o propósito de manter uma tarde de lazer, é um querer legítimo? Como agir? Quais são as minhas obrigações? Será que em nome delas tenho de postergar a vida que quero viver? Qual o preço de abrir mão de uma promessa?

No exemplo citado, a pessoa tem requisitos para levar adiante uma meta. No entanto, ante os embaraços, não sabe manter firme o compromisso consigo. O sentimento de obrigatoriedade e preocupação com o julgamento e a aprovação dos demais é trocado pela própria integridade. O que significa recuperar a nós mesmos? Para confiar em si mesmo, é preciso respeitar o que sente e o que quer ou não experimentar.

Caso opte por responder às circunstâncias mecanicamente, sempre se verá tentado a abandonar sua meta ou renunciar a seus valores essenciais. Alcançar qualquer objetivo requer que você lide com impedimentos e com a firmeza interna de honrar os compromissos assumidos consigo mesmo. Você tanto pode adiar, desistir ou brigar, como também pode permanecer fiel ao seu propósito. Não temos o poder de impedir que as coisas aconteçam. No entanto, é possível mudar a atitude diante dos fatos.

Agora tente imaginar-se na situação acima; de que maneira poderia alterar positivamente as reações? Imagine-se avisando seu chefe de que, durante o final de semana, precisa descansar, mas estaria disposto a chegar bem mais cedo na segunda-feira, caso necessitem de seu apoio. Você também aproveita e avisa os familiares de que tem um programa inadiável (consigo mesmo) e reservará as tardes de domingo para tirar o atraso de suas pendências. E, por via das dúvidas, desliga o telefone e o celular. Que tal?

EXPERIÊNCIA PRÁTICA

"Outro dia, uma amiga me disse: 'Nossa, como você engordou!' No dia seguinte eu já havia agendado o endocrinologista. Fiz uma montanha de exames e descobri que meu colesterol estava alto demais. Achei isso um absurdo, mesmo porque já há algum tempo eu estava me questionando: como quero envelhecer? Eu me lembrava de duas senhoras no avião que deviam beirar os 80 anos. As duas lépidas viajando e rindo das suas aventuras. Pois eu também, pensei, quero terminar meus dias com saúde e alegria de viver. Tomei vergonha na cara e comecei uma dieta. Para ajudar, chegaram amigos meus do exterior e era inevitável levá-los às cantinas da cidade. Eles não acreditavam no meu filé grelhado com salada. Mas é isso aí: se eu quero emagrecer, tenho de ignorar o belo prato de massas." O relato dessa aluna inspirou outros participantes. Percebe-se que só ao se disciplinar você consegue abrir mão de outras vontades.

Eu quero muito emagrecer, mas não tenho mais idade de passar vontade. Então, você sempre faz escolhas. O mais importante é não se propor a qualquer objetivo que não possa ou não esteja disposto a cumprir. Imagine que você decidiu freqüentar a academia e ao cabo de duas semanas se vê abandonando o compromisso. Sugerimos sempre aos nossos alunos que comecem, por exemplo, dando uma volta no quarteirão por cinco minutos, diariamente. Quando pegar gosto pelo passeio, ande dois quarteirões. Assim, você vai lidando com as resistências naturais de forma paulatina até sentir que as caminhadas são puro prazer. Quando se der conta, o caminhar já estará integrado à sua rotina. O problema está em assumir consigo mesmo promessas que não cumprirá. A auto-estima fica comprometida. A proposta é, ao contrário, estruturar seu querer, aprendendo a educar a vontade.

Investigando a dinâmica dos estados de ânimo

Vamos supor que, chegando em casa, você decide tranqüilamente estudar ou ler um bom livro. Ao abrir a porta, o telefone toca, o vizinho de cima, não tendo nada melhor a fazer, começa a perfurar a parede, enquanto as crianças no pátio entoam uma salva de boas-vindas. Para ajudar, antes mesmo que desligue o telefone, alguém deprimido bate à sua porta. Em poucos minutos, seu sonho idílico termina.

Como reage quando as coisas o obrigam a mudar os planos? Qual sua atitude ante cada um desses obstáculos? Quando não está bem, você se isola ou busca ajuda? Fica na pior, com pena de si mesmo, ou é do tipo desligado que nunca percebe nada? Você se esforça para identificar o que sente? Será que considera as outras pessoas responsáveis por seu estado de ânimo?

Imagine que sua parceira, sem lhe dar maiores explicações, termine o relacionamento. Você se desespera? Fica irado? Será que gosta de desafiar a vida, vivendo perigosamente? Você se rebela ou tende a permanecer inerte? É capaz de sentir e de expressar sua tristeza? Você luta pelo que quer ou prefere considerar que está tudo acabado? Será que nota as sensações e consegue verbalizá-las? Faltam-lhe palavras?

Ao mesmo tempo, sente um aperto no peito e um soco na boca do estômago. A respiração vai ficando mais curta, as mãos gélidas, os ombros encolhidos, os pensamentos emaranhados, a angústia aumentando, pronto! Nada a fazer, porque, afinal, *a vida é assim mesmo*. Vigie a tendência de enclausurar-se em uma espiral negativa.

Não há nada de extraordinário e é salutar sentir a tristeza tão natural, quando acontece uma separação. É um choro breve que alivia e acompanha todo processo de luto. Bem diferente é enfurecer-se, ter um *troço* e debulhar-se em lágrimas, perder a forma e afogar-se em prantos. Você pode, ao contrário, aparentar total controle, usar seu charme, deixar para depois, permanecer inerte.

Como já enfatizamos, tanto as emoções avassaladoras quanto a falta de clareza acerca delas impedem o raciocínio. Em outras palavras, trata-se de reaprender a sentir e a expressar as emoções. Para isso, é importante identificar o que há no início de cada processo e em cada situação; monitorar os indícios de uma emoção, detectando quais imagens, pensamentos e sensações somam-se, acionando o mesmo trem emocional.

Você tem inveja? Certamente me dirá que não. É provável responder-me que não quer nada do outro... *Mas por que não consigo as coisas que quero?* A tendência de fazer comparação cega sutilmente nossa visão. Se possuir um carro: *Que pena que não tenho outro maior de quatro portas, direção hidráulica e não sei mais o quê.* Se tiver um computador: *Que pena que é tão devagar!* Se fizer frio: *Pena que não está sol!* Se estiver fazendo sol: *Que saudade daquele friozinho!* Sem falar nos banquetes que dão lugar a uma nostalgia sem fim. É habitual priorizar o que nos falta e não aquilo que a vida nos oferece.

Outro modo de fabricar escapismos é deixar tudo para amanhã: o prazer, o afeto, o descanso, o melhor de si... Deposita-se a garantia da felicidade em um futuro incerto. É como olhar à volta e não encontrar sabor em nada. Muitas vezes, até o amor é um sonho idílico, que nada tem que ver com os contos de fada. O personagem central, quem sabe, aparece a qualquer hora em seu cavalo branco. Chega o príncipe e, passados uns dois anos, pensando bem, meu príncipe não devia ter barriga nem caspa.

Banalizar as relações, projetar a felicidade tanto no futuro como na nostalgia do passado é fonte permanente de insatisfação. Conhecer a dinâmica dos estados de ânimo exige o firme propósito de reunir a atenção em uma atitude alerta de viver cada momento, aqui e agora. Requer uma construção minuciosa de novos padrões de pensar e de sentir a vida em plenitude. Por isso, a lição mais árdua e ao mesmo tempo gratificante é criar estratégias para promover o bem-estar psicológico.

Conquistando a honestidade emocional

QUANDO UMA ALUNA ME PROCUROU para um atendimento individual, chegou com uma lista de queixas. Tinha um marido e era infiel a ele. Seu amante, por sua vez, era infiel a ela e a manipulava com pequenas chantagens emocionais. Ela esperava tardes intermináveis o telefone tocar. Logo, ele reaparecia e lhe fazia uns agrados. Bastava sentir-se cobrado para ficar semanas sem aparecer. Então, ela achava melhor não dizer nada.

Por meio de relaxamento e introspecção guiada, o trabalho consistiu em fazer perceber que o problema não era o que os demais faziam a ela, mas o que ela fazia a si mesma. Toda vez que pensava dizer algo, observava os pequenos medos e crenças. Os argumentos internos eram convincentes. Imediatamente, desistia de se expressar. Sentia-se uma pobre vítima explorada e incompreendida. Achava que todos eram desonestos com ela.

Passou a anotar em um diário de bordo cada pensamento e cada sensação. Perguntava-se a todo instante: *o que estou sentindo? O que ganho em sentir isso? Que sensações inundam meu corpo? O que está por trás deste pensamento? De que tenho medo? O que posso sentir, pensar e fazer para ser conivente comigo mesma? Como seria me respeitar e aprender a me amar?*

Assim, foi desvendando um previsível quebra-cabeça de opiniões acerca de si mesma, refazendo o contato com seus verdadeiros sentimentos. Por trás dessa trama emocional, havia uma mulher sensível e vulnerável. À medida que sentia sua vulnerabilidade, percebia sua força. O amor-próprio pareceu-lhe um bálsamo que podia curar suas feridas.

Se você quer relações verdadeiras, é preciso desorganizar a desonestidade, organizando a honestidade emocional. É a única forma de descobrir que pode trocar os relacionamentos de carência por um vínculo amoroso com a própria vida. Esse tecer íntimo fortalece a auto-estima. Só você é capaz de estabelecer bases sólidas de amor-próprio.

A grande promessa é honrar a integridade que compartilhará igualmente nos relacionamentos. Portanto, a grande lição é olhar para o que faz e não para o que fazem a você, identificando como você reage às pessoas e às situações, discernindo o que sente e por que sente. Trata-se do estímulo incessante à autonomia, construindo o auto-respeito e os alicerces de uma convivência ética. Representa competência emocional para lidar com os fracassos e com todo tipo de sofrimento. Falando a si mesmo a verdade e somente a verdade.

Desenvolvendo a aptidão emocional

PRESTE ATENÇÃO À RELAÇÃO que você estabelece consigo. Suas reações emocionais respondem a uma dinâmica que faz parte da força do hábito. É preciso motivação interna para administrar sua sentinela emocional. Isso requer transformar velhos hábitos em novas possibilidades de ação.

Vamos supor que, em vez de permanecer calado e omisso, tenha decidido admitir o que sente. Primeiro, compreenda o que acontece, reconhecendo os mecanismos que disparam reações padronizadas. Somente ao saber o que sente e por que sente, você estará pronto para escolher a maneira apropriada de se expressar. O passo seguinte é procurar esclarecer as idéias e colocá-las em ordem.

Mudar padrões de comportamento indesejáveis leva tempo. A questão é aprender a se restabelecer dos efeitos do estresse diário, encontrando maneiras – adequadas ao seu jeito de ser – de produzir um alívio imediato, tanto físico como mental. O relaxamento, por exemplo, "permite ao seu corpo recuperar energia, renovar-se, evitar estafa e prevenir o acúmulo de tensão, fadiga e ansiedade" (Campbell *et al.*, 2002, p. 129).

Práticas meditativas, sempre e quando integradas ao cotidiano, podem ser de muita valia em situações de emergência. Ao disparar a sentinela psicológica, se você tem um método de relaxamento, ficará tranqüilo imediatamente. Respirar, por exemplo, como já dissemos, altera seu estado anímico.

EXPERIÊNCIA PRÁTICA

Em trabalho realizado com policiais militares, pudemos constatar o alto nível de estresse a que eles são submetidos diariamente. Foram muitos os depoimentos que confirmaram a importância de desenvolver a percepção mais detalhada de si e dos demais.

"Percebi que em situação de emergência o que importa é eu respirar fundo e estar com as antenas ligadas para avaliar melhor a situação."

"Quanto mais eu aprendo a relaxar, mais capaz eu me sinto de servir a comunidade. Antes, em qualquer situação, a minha reação era enquadrar todo mundo. Agora, eu consigo perceber e distinguir quem são as pessoas que estão diante de mim."

"A gente está sempre cuidando dos outros. E quem cuida da gente? Desde que eu comecei a vir a estes encontros, descobri que cuidar da gente é muito bom. Mas o melhor mesmo é aprender a cuidar das próprias emoções."

Sobretudo, motive-se o suficiente para manter acesa a sua vontade de viver. Pinte, escreva, desenhe, toque um instrumento, crie!

> Se quer receber o melhor das pessoas, dê o melhor de si. Se quiser mais diálogo, proponha o diálogo. Se não o entenderem, seja mais compreensivo. Se quiser namorar, comece por gostar-se. Se quiser fidelidade, seja fiel a seus propósitos. (Di Nizo, 2001b, p. 56)

Saiba o que lhe dá prazer. Experimente aquelas coisas fora de moda que, no fundo, dão sentido à nossa existência, como sentir o cheiro de alguém na sua camiseta, emocionar-se com um amanhecer, olhar a vovó com ternura, debruçar-se à janela para ver a vida passar. Viva plenamente sua humanidade e divirta-se consigo mesmo. Pare de deslumbrar-se à toa e de lamentar-se. Jamais se afaste das experiências humanas, nem se isole em seu mundo pessoal. Cultive o respeito mútuo, porque sua liberdade acaba onde começa a minha. Relacione-se de um jeito mais amoroso consigo e com todos.

Promova seu contato com a natureza. Faça coisas simples, como observar as estrelas piscando no céu metropolitano. Veja as nuvens desenhando elefantes e leões-marinhos. Ande descalço. Tome um banho de sereno e refresque o corpo à luz do luar. Aqueça sua pele com um abraço. Envolva-se com o sorriso de uma criança. Dance a vida. Saia do usual e vá a uma igreja de bairro. As vovós ainda adoram colocar laquê e insistem em preservar um ninho de passarinho no cabelo. As pombas pesteiam a cidade. As pessoas ainda compram flores de plástico e pingüins de geladeira. Os homens estão tristes, mas não deixam de amar. Mantenha intocável a linguagem do coração.

Pergunta 24 horas

O QUE ESTOU SENTINDO? Sugiro que mantenha essa pergunta acesa dentro de você 24 horas por dia. Contudo, perceba como o corpo reage às diversas impressões. Você pode, por exemplo, ter um mecanismo interno de reprimir tensões e não notar que diante dos aborrecimentos enrijece o corpo e a energia vital. Nesse caso, você manifesta certa tendência a permanecer prostrado no limiar da depressão e sentir-se desvitalizado. Além do que, isso pode acompanhar algum tipo de manifestação psicossomática, como enjôo, dores de cabeça, insônia e mal-estar digestivo.

A seqüência é bastante lógica. O passo seguinte é acionar uma série de pensamentos de baixa auto-estima. Observe se não usa uma lente de aumento que agrava qualquer percepção da realidade. Logicamente, qualquer um de nós em situação semelhante cria um quadro bastante negro. Você acaba deitado na cama, como se o corpo estivesse colapsado, sem vontade de fazer nada. Enquanto embota as emoções, a energia vital do organismo se esvai.

Ao se sentir carente, é muito provável suscitar pensamentos temerosos e uma incerteza quanto ao porvir. O resultado é solapar a vontade de viver. Por trás dos sintomas de tristeza e de medo, prevalece a dificuldade primária de lidar com o próprio querer, com a vontade e o poder pessoal. Isso exige a aprendizagem da autoridade interna.

Dialogue consigo mesmo

Então, vamos lá! Procure diariamente, em cada situação, perguntar-se:

- **O que senti e por que senti?**
- **O que poderia ter sentido?**
- **O que meu corpo está sentindo?**
- **O que minha mente está sentindo e pensando?**
- **Meu estado de ânimo está ajudando ou atrapalhando?**
- **Estou tendo respeito comigo mesmo? Estou respeitando os outros?**
- **Minha postura está prejudicando alguém?**
- **Como satisfazer as minhas necessidades não atendidas?**
- **Que vida eu quero ter?**

Você só poderá organizar o querer sendo verdadeiro consigo mesmo. Além disso, é preciso respeitar não apenas a integridade pessoal, mas, também, na mesma medida, toda forma de existência.

Ginástica emocional

Supondo que você seja do tipo mais emocional, certamente filtra suas percepções por meio das emoções. Isso significa que aquilo que percebe está tingido pelo colorido interpretativo de velhos hábitos emocionais. É essencial investigar sua dinâmica pessoal de lidar com as emoções. De que maneira? Vamos lá com algumas sugestões.

Experimente, a cada instante, nomear com palavras cada uma das sensações. Passe a primeira semana notando as reações ante as mudanças climáticas. Imagine-se acordando de bom humor. Chove lá fora. O que você sente? Descubra de que maneira e o quanto essas mudanças alteram seu estado de ânimo.

Em seguida, passe uma semana somente observando o campo emocional e a forma de reagir aos estados de ânimo à sua volta. Procure perceber como afeta o ambiente e como se deixa influenciar pelos demais, mantendo presente o ponto de interrogação: o que estou sentindo? O que vem primeiro à minha mente? De preferência, leve consigo um caderno pequeno para anotar essas observações.

Por fim, na terceira semana, escolha a pessoa com a qual tem tido conflitos. Estabeleça uma meta que atue na mudança de seu comportamento. Imagine que, quando está com essa pessoa, você perde as estribeiras facilmente. Então, decida ser menos impulsivo. A meta é *conversar com calma*. Suponha que você se surpreenda conseguindo manter-se tranqüilo. Passados alguns dias, de novo a mesma reação intempestiva. Anote quais obstáculos internos e externos o impediram de manter a calma.

Imagine que tenha apontado os seguintes motivos: cansaço acumulado, irritação crônica e, por fim, a outra pessoa pisou em seu calo. Agora escolha um desses obstáculos, de preferência aquele que mais lhe incomodou. Vamos supor que seja o tal calo. Qual foi a seqüência de pensamentos, de emoções e de comportamento?

PENSAMENTO: *Que saco! Outra vez a mesma história? Não suporto mais isso! Por que só comigo?*
EMOÇÃO: *Raiva, irritação, drama/desespero, complexo de vítima.*
ATITUDE: *Postura de enfrentamento, encolhimento súbito.*

Veja como uma situação dispara uma série de reações e julgamentos primários. A sentinela psicológica acusa: perigo! Os sinais de alarme desencalacram vivências análogas. Essa interpretação precipitada vem acompanhada de um cordão de frases feitas que dificilmente são separadas da experiência em si. Por fim, o comportamento é absolutamente automático.

Contudo, a reação será a de encontrar "trocentas" justificativas e, com certeza, o temperamento, quando não o caráter da outra pessoa, será responsável pela atitude. *Eu estava quieto no meu canto!* E assim por diante... Às vezes, esse mecanismo é com tamanha perfeição engendrado que acaba servindo de evasiva para permanecer enclausurado em prisões particulares. O grande desafio é parar, respirar e fazer perguntas a si mesmo (por exemplo: por que estou reagindo desta forma? Como eu poderia mudar minha atitude?). Em seguida, é possível optar pela reação adequada, sobretudo mudar as opiniões e humores que conspiram em nossa mente.

Perceba quanto uma emoção está atrelada a um pensamento que, por sua vez, desencadeia outra emoção e assim por diante, até que decida assumir a administração dos estados de ânimo. O passo decisivo é tomar conta do que gera emocionalmente. Essa responsabilidade é só sua.

Diante de obstáculos, evite brigar ou fingir que nada acontece. Ignorar um problema só tende a agravá-lo e a torná-lo crônico. É fundamental identificar o tipo de situação ou de pessoa que aparenta ser a causa das suas dificuldades. Tendemos, por exemplo, a colocar a culpa em razões externas bastante razoáveis: sobrecarga de trabalho, pressões e imprevistos que fogem ao nosso controle.

O mais importante é monitorar suas reações e estar alerta aos indícios estressantes que estão prestes a acontecer. Ao compreender como seu pico de estresse ou de ansiedade é criado, é possível desenvolver ações e criar estratégias com o intuito de melhorar o bem-estar psicológico. Isso exige, muitas vezes, repensar nosso estilo de vida e nossa forma de administrar a percepção dos fatos.

EXPERIÊNCIA PRÁTICA

É comum que as pessoas aceitem passivamente a sobrecarga no trabalho, sofrendo em silêncio ou reforçando a hostilidade como traço de personalidade. Acabam desenvolvendo uma avaliação negativa dos outros e das circunstâncias. "Eles estão sempre me pressionando. Pedem tudo na última hora. Eu tenho de agüentar o mau humor daquele bando de estressados. Não tenho vontade de ir trabalhar. Mas na outra empresa também não era fácil. O mundo está cheio de gente folgada que vive nas costas dos outros. Então, eu vivo me perguntando se vale a pena me matar de trabalhar. Depois a gente morre e a empresa fica aí."

Fomentar críticas constantes e destrutivas só reforça o mau humor. A conversa interior negativa produz um desgaste permanente, reforçando a cadeia de estresse. A pessoa acaba sempre se antecipando aos acontecimentos desagradáveis que estão por acontecer. O resultado é bastante previsível. Portanto, o autoconhecimento é o alicerce para a expressão emocional saudável.

Você aprende a reconhecer necessidades e a satisfazê-las. Descobre que inibir ou extrapolar emoções não apenas afeta a saúde, como também restringe a capacidade de pensar, compreender e expressar-se. Ao mesmo tempo, reconhece o querer dos demais. Defende posições tendo em conta as necessidades de todos os envolvidos. Desenvolve apoio em si mesmo e cria uma rede de colaboração. Você se torna generoso, praticando bons atos.

O equilíbrio é a melhor medida

EXPERIMENTE ENTREGAR-SE incondicionalmente, a cada instante, ao que está fazendo. Tente desfrutar dos pequenos momentos e levar a vida com mais leveza e humor. É preciso equilibrar os vários aspectos: namorar, passear, descansar, estar com os amigos, com a família, consigo mesmo, ler, trabalhar, viajar, cuidar do corpo, das emoções, dos pensamentos. Nutrir-se. Qual desses alimentos está faltando?

O importante é não deixar de lado nenhum aspecto da vida. Você vive um dia de cada vez. Para tanto, estimule coração e cérebro, sensíveis um ao outro, pulsando em consonância com o ritmo e com o sabor da vida. Queira seu querer e cultive a formação de um ideal, elaborando associações otimistas e inspiradoras.

Evite exageros e rigidez. Habitue-se a lidar com limites concretos. Trate de não dar vazão a um sentimento de condescendência que o faria ter pena de si mesmo nem dê ouvidos à tendência de adiar os compromissos e aos pretextos intermináveis que o afastam do seu querer. Se precisar, procure um treinador, alguém que o ajude a estruturar uma programação com hábitos pessoais positivos. Vicie-se em uma rotina saudável. É importante fazer exercícios regulares. Além de aprender a acalmar a mente, você aprende a relaxar. Nunca é demais ouvir boa música e estimular seu potencial criativo. Ouça o coração bater. Uma meta vai lhe exigir ritmo e constância. As transformações exigem a habilidade de um dentista, a paciência de um construtor, a desenvoltura e a flexibilidade de um ator, o espírito persistente de um inventor, a devoção dos eremitas, a alegria de uma criança e a sabedoria dos avós.

> **Você pode querer comprar um apartamento, mas se estiver desempregado o melhor passo é encontrar um trabalho. Você pode querer emagrecer, mas às vezes a questão é reconhecer que necessita, sobretudo, de terapia para trabalhar a ansiedade. Você pode, inclusive, comprar um livro de auto-ajuda e repetir afirmações que vão melhorar sua auto-estima. Mas toda mudança requer, acima de tudo, auto-respeito. Isso não se aprende com pensamento positivo. Significa introspecção, honestidade emocional, rever dilemas morais e éticos. Exige uma tremenda força de vontade fazer valer suas promessas.**

Reconheça suas qualidades

Peça às pessoas que revelem três qualidades que admiram em você. Anote-as e guarde-as como lembrete para os momentos mais difíceis. Tome ciência do que transmite aos demais, reconheça e use essas qualidades em sua expressão no mundo.

Aprenda a dar e a receber

ESCOLHA UM DIA PARA PESQUISAR as diversas formas de dar. O que pode dar? Faça uma lista de tudo que pode oferecer aos outros. Inclua suas qualidades pessoais, uma carta, uma palavra amiga, um abraço, um sorriso ao porteiro, um beijo, um aperto de mão, um afago em um animal, um pouco de água a uma planta, um favor qualquer. Você pode dar sua presença, seu silêncio, sua tranqüilidade, sua alegria, seu bom humor, sua atenção. Observe os pensamentos e as sensações ao dar algo de si. Não revele essa experiência até completá-la.

No dia seguinte, faça uma lista do que recebe. Observe-se desde o momento do café da manhã. Quantas pessoas lhe dão um *oi*, um beijo, um recado, um abraço? O que o trabalho lhe dá? E seus colegas e amigos? Observe também o sol, a chuva, a temperatura do ambiente, a água sobre o corpo, o alimento, a roupa que lhe dá um abrigo, um telefonema, um presente qualquer, um estranho na rua que lhe dirige a palavra. Peça a alguém algo simples. O que pedir? Pois peça e receba. Mas não peça coisas absurdas ou difíceis demais. Sobretudo, vá anotando as sensações e os sentimentos ao perceber o que a vida lhe proporciona a cada instante.

Finalmente, tire um terceiro dia para dar e receber ao mesmo tempo. Se você percebeu que é mais fácil dar, pois equilibre e aprenda a receber na mesma medida. Se, ao contrário, é mais fácil receber, procure descobrir o prazer de dar-se aos demais. Inclua-se nessa lista. Dê e receba de você mesmo o melhor de si.

Em todos os momentos, pergunte se tem mantido o equilíbrio entre o dar e o receber (consigo e com as pessoas). Esse equilíbrio é fundamental para o bem-estar porque não apenas favorece o contato com você, mas devolve o sentido de pertencer a um meio que o beneficia e se beneficia de suas qualidades. Lembre-se de que, muitas vezes, você está demasiado centrado no próprio umbigo ou, ao contrário, esvazia-se no mundo exterior, esquecendo-se das necessidades e das prioridades. Lembre-se de que a vida é um dar e receber permanente.

> **Abecê da emoção**
>
> - **Pergunte-se a todo instante: o que estou sentindo?**
> - **Aprenda a brincar com você mesmo e a lidar com seus erros de forma bem-humorada.**
> - **Aprenda a dar nome aos sentimentos e a expressá-los.**
> - **Escolha companhias que o compreendam e lhe façam bem.**
> - **Reconheça suas sabotagens e assuma a responsabilidade por seus atos.**
> - **Inclua atividades regulares que o revigorem e aprenda formas de relaxar.**
> - **Saiba quais são suas necessidades (anote e pendure lembretes em todos os lugares para nunca se esquecer delas).**
> - **Aprenda a dizer sim e não.**
> - **Queira o seu querer. Mas o que você quer?**
> - **Desorganize seu retraimento, organize sua extensão.**
> - **Firme uma relação com você mesmo.**
> - **Aprenda a permanecer alguns momentos sem fazer nada.**
> - **Prove cada coisa como se fosse a única.**
> - **Observe-se.**
> - **Investigue.**
> - **Participe.**

A educação da vontade

- Pertença.
- Coopere.
- Crie.
- Aproprie-se inteiramente de sua vida.
- Ame.

A educação do corpo

Capítulo III

Biblioteca orgânica

O CORPO REPRESENTA o primeiro instrumento da consciência. Nele permanecem os registros das experiências de vida. Isso acontece por meio de empresas de segurança, habilmente instaladas, que comparam estímulos com as demais lembranças. Dessa maneira, toda vivência sensória impregna o cérebro de impressões que interferem em nossas reações.

Como diria o pesquisador norte-americano Stanley Keleman (1996, p. 26), professor sênior de bioenergética, "o modo como vivemos o corpo é a história do nosso processo". Mais adiante (p. 29), ele complementa:

> As atitudes têm componentes musculares, mentais e emocionais. São as molduras de nossa forma. A maneira pela qual percebemos o mundo e interagimos com ele depende fundamentalmente da qualidade de vitalidade dos nossos tecidos. Essa tonicidade é o pano de fundo da experiência e da percepção.

Portanto, é imprescindível aprender a decodificar as sensações e manter o repertório de respostas flexível. Se por um lado o corpo reage impulsivamente, por outro também é possível instigar sua plasticidade. Para tanto, um dos elementos essenciais é estimular os sentidos, aguçando a percepção.

Trata-se de despertar os sensores por meio dos quais percebemos o mundo. Assim, quando você ouve um som, isso representa em princípio apenas um ato biológico, mas, se acrescentar a autoconsciência, ao escutar poderá sentir muitas coisas. Inclusive, poderá associar um som a um sentimento e a uma série de imagens que disparam pensamentos.

> Iniciamos o treinamento de escrita criativa com um aquecimento que é um trabalho de sensibilização dos sentidos. As pessoas fecham os olhos e recebem nas mãos diversos estímulos, tais como frutas, verduras, objetos ásperos ou macios, quentes ou frios. Em seguida, escrevem um texto com suas impressões. Costuma ser um momento muito importante. Cada um revela aquele tatear curioso de criança, enquanto é invadido por uma enxurrada de imagens, sensações e lembranças. As palavras despencam sobre as páginas em branco – é um jorrar de idéias peculiares do processo criativo. Já chegaram a morder uma fruta que nem havia sido lavada, no afã de experimentar todas as sensações possíveis com os objetos.

Por essa razão, Boal (1996, p. 46) afirma:

> Tudo que sinto, sinto nos cinco sentidos e sinto no cérebro. Entre as sensações, as emoções e os pensamentos, o trânsito é livre: as sensações se transformam em emoções e estas têm lá suas razões. Assim, também as idéias provocam emoções e estas sensações.

É necessário conversar com o corpo, decodificando os sinais que ele nos transmite a cada momento. Significa desenvolver um diálogo íntimo, uma audição mais apurada para despertar a vitalidade física necessária à manutenção da saúde e do vigor de nosso processo formativo.

Para Stanley Keleman (1996), a tonicidade dos tecidos representa saúde ou condição doentia, o nível de vibração ou amortecimento. Concordo com ele. É muito fácil reconhecer a qualidade (ou expressão) de vida de alguém, simplesmente observando sua postura corporal e seus movimentos. Também é visível o desconforto alarmante ou a absoluta falta de consciência em relação ao próprio corpo. Pessoas sedentárias ou com hábitos pouco saudáveis denotam falta de vigor e de vitalidade.

A educação do corpo

O corpo pulsante

O ESTRESSE GENERALIZADO, a pressa, os açoites de ansiedade e de preocupação galopantes acabam por afetá-lo de alguma forma. Independentemente dos motivos que promovam uma reação, você é confrontado com a urgência dos afazeres e com o excesso de estímulos. Você já sentiu uma angústia ou aperto no peito sem causa aparente? Já teve a sensação de estar por um fio, prestes a desabar por qualquer motivo?

O corpo participa de todos os atos. Basta observar a importância da expressão facial, dos gestos e das posturas. Se prestar atenção aos atos da fala, perceberá que o que não falamos diz muito mais do que as palavras. Às vezes, o silêncio, o suspiro e o menear da cabeça falam por si. Um estado de ânimo está sempre estampado na cara.

Perceba como atua a respiração em cada situação do cotidiano. O corpo costuma reagir a algo sem que você tenha clareza do que está ocorrendo. A alteração respiratória já é indício. Ela lhe antecipa e avisa que algo está por acontecer. De fato, focalizar a atenção na respiração é uma ferramenta útil em situações de emergência. Como tudo na vida, isso requer treino e prática. Você pode aprender técnicas de respiração e torná-las parceiras diárias.

> Não economize oxigênio, nem esforços para respirar. Isso desperta seu corpo. Assim, você ganha em disposição e em atenção. Experimente em uma situação de muita tristeza ou desânimo, tumulto ou pânico, se desligar de tudo e voltar a atenção para a respiração. Feche os olhos e atenha-se ao movimento normal da respiração. Enquanto respira, procure envolver-se inteiramente, com muita suavidade no ritmo respiratório. Assim, você permanece mais alerta e consciente. (Di Nizo, 2001b, p. 94)

Procure observar um bebê brincando no berço. Ele é pura sensação e desfruta dessa vitalidade com prazer. Você se lembra de algum colo gostoso durante a infância? Caso não lhe venha alguma recordação, experimente agora. Podemos organizar esse acolhimento amoroso (eu com meu corpo), despertando todos os sentidos para reativar o prazer de viver. Representa, sobretudo, fazer as pazes com suas sensações.

Estabeleça consigo mesmo esse deleite de sentir o corpo vibrante, ativo, flexível, suave, profundo, em alerta para os pequenos prazeres da vida: sinta a água morna, o lençol de cetim, o pijama de flanela quentinho no inverno, a maciez da toalha de banho, o calor da lareira, o frescor das manhãs, o perfume de jasmim, o cheiro do café e do pão recém-preparados quando você acorda morto de fome. Sem falar no gosto amargo do chá de boldo, aquele *bendito* óleo de fígado de bacalhau e a leveza de um algodão-doce que se desmancha no céu da boca.

Libere as chaves da percepção: visão, audição, olfato, paladar e tato. Os órgãos dos sentidos são enormes antenas parabólicas que se abrem, recebendo e processando sínteses simultâneas de todas as informações. É isso que possibilita a compreensão sobre alguma coisa na sua totalidade. "É através dos sentidos que ampliamos a capacidade de perceber e de interagir com a realidade. Então, traga sua atenção para ver, ouvir, tocar, degustar, cheirar e sentir todas as coisas." (Di Nizo, 2001b, p. 83)

Você pode simplesmente reforçar hábitos ou provar novas medidas de si mesmo.

A educação do corpo

Nutrição

O JEITO DE SE RELACIONAR com o corpo também diz muito sobre o modo de lidar consigo. Há pessoas para quem grande parte da vida está destinada a suprir uma inquietação – nunca satisfeita plenamente. Trata-se de certa tirania da estética pela estética. Exemplo disso são os modelos das capas de revistas, que nos fazem sentir desproporcionais, terrivelmente fora do padrão dos "chiques e famosos". Sem falar nas salas abarrotadas dos cirurgiões que redesenham nariz, busto, nádegas, tudo ajustado ao gosto do freguês. Alguns freqüentadores de academia por vezes estão insertos nesse time e realizam atividades físicas para manter o corpo esteticamente em ordem.

O oposto é a pessoa que nem liga, come qualquer coisa, leva o corpo como uma velha carroça. Nesse caso, perdura um descaso quase absoluto, só se cuidando minimamente quando há sinais de profundo mal-estar, devido ao abandono. O exemplo clássico é da pessoa que come por compulsão ou por simples exagero. Isto não é mérito dos "gordinhos". O vício dos excessos pode criar o hábito de se alimentar em demasia. Uma professora aposentada deu-me o seguinte depoimento: "Entro em êxtase diante da TV com um prato de torresmo e um litro de Coca-Cola".

Conforme o livro *O executivo em harmonia,*

> Moderação em todas as coisas parece ser um sábio conselho hoje em dia. Grandes quantidades de açúcar, de alimentos processados, de álcool e de cafeína vêm associadas a uma saúde geral deficiente, padrões irregulares de energia e baixa resistência a doença e estresse.

Mais adiante, os autores complementam: "O que você come pode ter um impacto no espectro de sua atenção, na sua memória e no seu humor, do mesmo modo que ocorre com os efeitos de drogas" (Campbell *et al.*, 2002, p. 112-3). E você? Que relação estabelece com o corpo cada vez que se alimenta? Ansiedade e carência podem provocar destemperos. Pergunte-se se já não pecou pelos exageros de toda ordem: por um lado, comer em demasia; por outro, do dia para a noite, dietas de sete dias de arroz integral ou jejuns depurativos à base de pão e água.

EXPERIÊNCIA PRÁTICA

Na seqüência, o depoimento de uma aluna que encontrou a dose apropriada. "Nada de dieta rigorosa. O problema é que eu tentava me adaptar a umas dietas absurdas até que percebi que eu precisava de uma dieta que fosse adaptada a mim, às minhas necessidades e ao meu estilo de vida. O mais importante foi encontrar a medida justa. Isto eu entendi quando deixei de colocar açúcar no café. Eu, por exemplo, adorava café bem docinho. Levou quase um ano. Eu ia reduzindo a quantidade de açúcar em doses homeopáticas a ponto de não estragar o sabor e o deleite ao tomar café. Quando me acostumava à dosagem, reduzia um pouquinho mais. E, assim, quando percebi, passei a desfrutar o puro gosto do café. No fundo, eu precisava de uma dose regular de amor."

Conseguir, por exemplo, mudar hábitos alimentares nem sempre é uma tarefa muito simples. O corpo acostumado a receber alimento em demasia, excesso de gorduras, doces ou amido vai protestar quando você pretender saciar a fome com um prato de salada e um peixe grelhado. Além disso, se come para suprir algum tipo de carência, você também criou um hábito psíquico. Inicia-se a briga entre o corpo e a mente.

A educação do corpo

> **EXPERIÊNCIA PRÁTICA**
>
> Existem profissionais especializados em acompanhar os "gordinhos". A seguir, uma psicóloga resume em que consiste o trabalho. "Quando você compra xampu, está na verdade comprando os efeitos do xampu, que é ter os cabelos sedosos, mais bonitos. Quando reconhece que está com peso a mais e quer emagrecer, você está se propondo a ter não só beleza, mas também saúde física e mental. Isso você não pode perder de vista. Cada vez que for se alimentar, pergunte-se: que tipo de fome é essa? É fome de afeto ou de nutrientes? Se eu acabei de comer há pouco tempo, não pode ser fome de alimento. Se for fome de afeto, você vai ter de cuidar do vazio afetivo. Você começa também a desenvolver consciência da qualidade de cada alimento, seus benefícios e danos. E vai descobrir também que a atividade física é um componente indispensável não só para emagrecer, mas para a sua saúde."

O que representa nutrir-se? Você come quando tem fome e bebe água para saciar sua sede? Dorme quando está com sono e descansa quando está cansado? Perdemos esse fio condutor que regula nossas funções vitais.

> **EXPERIÊNCIA PRÁTICA**
>
> A seguir, um aluno relata como é fácil não prestar atenção em coisas vitais. "Eu fui ao clínico geral, que me encaminhou a um especialista porque eu estava com infecção urinária e com dores na altura dos rins. O médico me perguntou quantos copos d'água eu bebia ao dia. Eu tive de admitir que raramente bebia um copo d'água. Sabe o que ele me receitou? No mínimo um litro de água diariamente. Saí da consulta indignado, mas não me custava nada tentar. Ao cabo de uma semana eu não tinha mais sintoma algum. Meu remédio foi água. Pode?"

Muitos esquecem da importância de sorver pequenos goles de água, de mastigar com prazer, de escolher sua comida, aguçando a visão, o olfato e o paladar, provando a textura dos alimentos. Prova disso é a surpresa quase inevitável diante da delicadeza de um prato japonês ou do requinte francês.

Observe, desde o despertar, quanto é capaz de privilegiar o momento reservado para se nutrir. Você prepara o próprio alimento ou prefere comer fora? Sabe comer sozinho ou não aprendeu ainda a se fazer companhia? Caso tenha certa dificuldade em definir quais são suas necessidades básicas, comece por questionar os hábitos alimentares.

Perceba o bombardeio de estímulos externos. O que é preciso para distinguir o certo do duvidoso? É capaz de discernir entre necessidade do corpo e vício alimentar? Você peca pela rigidez ou pela falta absoluta de limites? Gosta de exageros ou de escassez? Prefere a sensação de vazio ou de preenchimento? Será que come até explodir para logo em seguida vomitar?

Sabores fortes ou suaves, apreço pelo refinamento ou pelo exótico, preferências e aversões respondem ao padrão alimentar. Ele está intimamente relacionado à estrutura da sua personalidade. Portanto, conhecer-se é fundamental. O importante é não se propor a cumprir dietas com metas irreais, mas assumir com moderação uma alimentação saudável.

EXPERIÊNCIA PRÁTICA

Uma parceira da **Casa da Comunicação** descreveu como cada pessoa precisa encontrar o próprio esquema alimentar. "Eu fui vegetariana durante dois anos. De repente, adoeci gravemente e percebi que me faltava vitalidade. Só me restabeleci quando descobri uma medida mais equilibrada para meu organismo. Consumo muito pouca carne vermelha, aliás, só quando vou visitar minha mãe. Mas meu ex-marido, por exemplo, é vegetariano até hoje e se sente muito bem."

O essencial é abominar todo tipo de violência consigo mesmo. Conforme afirma Nuno Cobra (2002, p. 80), "o organismo é como uma conta bancária numa instituição financeira na qual você pode entrar em débito algumas vezes, mas não pode estar no negativo o tempo todo, porque o organismo cobra caro. Com juros altíssimos". Cuide, inclusive, das horas de sono e de descanso, promovendo – sempre que possível – pequenas pausas. Por meio do sono, o corpo tem a oportunidade de se recuperar e reparar.

Resgate a simplicidade dos pequenos prazeres, respeitando suas funções biológicas. Seja responsável pela manutenção preventiva da saúde e, sobretudo, por construir bases sólidas de auto-estima e amor-próprio.

Organize o próprio acolhimento

Ao CONTRÁRIO DA PREOCUPAÇÃO obsessiva ou da negligência, o importante é relacionar-se com o corpo de um jeito dinâmico e responsável. Isso significa compreender que ele é um instrumento valioso de expressão, de percepção e de aprendizagem. A proposta é a seguinte: por intermédio de práticas corporais, promover o diálogo com o corpo, desenvolvendo a observação e a escuta ativas. Em vez de dar mais energia aos incômodos, é possível reconhecê-los, prestando atenção às insatisfações acumuladas. O importante é não se perder nessas sensações que, por vezes, representam o passado, mas resgatar por meio delas nossa vitalidade plena.

> **EXPERIÊNCIA PRÁTICA**
>
> Os incômodos podem passar despercebidos, como ilustrou uma aluna antiga. "Há pouco tempo, me dei conta que meus sapatos estavam todos pequenos. Eu não engordei e, portanto, alguma coisa mudou. Demorei a perceber que os calçados estavam me apertando. Parece incrível, mas um número a mais é realmente muito mais confortável..."

A educação do corpo

O medo, por exemplo, que parece puramente emocional, é aceito pelos budistas como uma criação da mente. Mas se você reparar nas manifestações sutis das reações poderá notar que não somente o medo, como as demais emoções, estão inscritos no corpo. Portanto, resolver uma questão racionalmente não significa que a tenha solucionado. Muitas vezes, poderá sentir uma terrível carência e deixar-se levar por ela, mantendo círculos viciosos de relacionamento. Podemos ser hábeis ao criar justificativas, convencendo-nos de que, por exemplo, o mundo externo (ou alguém) é capaz de preencher nossas lacunas. Mas só nós mesmos podemos preencher os espaços vazios internos com coragem, organizando o próprio acolhimento. Então, uma mudança de padrão tem de ser integral. É preciso sentir, pensar e agir em concordância. É por meio do corpo que você escreve uma ação.

O corpo é sua morada, um lugar privilegiado que lhe garante repouso. Mas é necessário acolhê-lo, tal qual faria uma mãe com seu filho. Aprenda a falar com ele. Leve-o para passear, para tomar sol, dê a ele o melhor alimento: amor. O coração só pode amar porque está contido nesse continente. A inteligência também necessita de um veículo desperto e flexível. Torne-se seu maior guardião. Ao mudar a relação com o corpo, você está assumindo a parte que lhe cabe de zelar por seu mundo. Esse mundo só toma forma por meio do corpo.

Diálogo corporal

EM QUALQUER CIRCUNSTÂNCIA, desperte a autopercepção para aprofundar o contato imediato com suas sensações. Reconheça que tipo de aprendiz é. Se for tátil-cinestésico (ou físico), você desfrutará de atividades dinâmicas. Se for visual, certamente se beneficiará de tudo aquilo que exercite a habilidade de construir imagens mentais. Se for auditivo, inclua a música. Entretanto, todos nós ativamos a capacidade de aprendizagem quando estimulamos os diversos sentidos.

Um jeito muito peculiar de dialogar com o corpo é com algumas terapias que nos anos 1980 eram consideradas alternativas. Hoje, seus benefícios são amplamente comprovados. "Acredito que uma massagem prolongada, que torna a despertar o corpo que a depressão separou da mente, pode ser uma parte útil da terapia", afirma o escritor norte-americano Andrew Solomon (2002, p. 134). Para ele, "a idéia de começar do físico parece inteligente. A depressão é uma aflição corporal, e o físico ajuda". Mais adiante (p. 135), Solomon, referindo-se a uma experiência pessoal em grupo quando remava de caiaque no mar, diz: "Tive a sensação de que minha vida estava ligada aos processos orgânicos de um mundo maior. Era um sentimento seguro: assumir nosso lugar na eternidade é imensamente reconfortante".

No entanto, aproveitar os efeitos benéficos de uma prática ou tratamento requer uma atitude isenta de *préconceitos*. Algumas pessoas, por exemplo, afirmam que jamais puderam meditar. Consideram-se incapazes de ficar quietas por um só instante. Nesse caso, optam, por exemplo, pela dança ou ginástica aeróbica – sendo estas muito mais propensas à musculação do que ao relaxamento. De fato, todo tipo de atividade física pode nos favorecer em algum aspecto.

> **EXPERIÊNCIA PRÁTICA**
>
> "Eu sempre fui muito dinâmico com um temperamento nitidamente ansioso. Eu, meditar? Nem morto", dizia um dos estudantes da **Casa da Comunicação**. "Foi quando, há uns 15 anos, conheci uma terapeuta norte-americana que me disse sem delongas: 'Experimente meditação zen budista'. Bom, embora tivesse um preconceito desgramado, lá fui eu provar o novo. Realmente, para qualquer cidadão metropolitano, sentar e ficar olhando para a parede é um horror. Contive toda minha ansiedade, brigando com o pernilongo que me torturava. De repente, notei um espaço desconhecido, como se eu invadisse o pensamento. Foi uma sensação inesquecível. Hoje não consigo imaginar minha vida sem meditação."

Cada situação requer uma administração específica. Eis a importância de aprender a manejar nossa energia a fim de desenvolver recursos para lidar com todo tipo de circunstância. Por isso, é fundamental provar distintas práticas, pois cada uma delas tem uma função específica e intransferível. Assim, dance, experimente a ginástica aeróbica e holística ou, até mesmo, a antiginástica, o *kundalini* ioga, o *kum nye*, a expressão corporal, o *chi kun*, entre outros. Da mesma forma que a agilidade corporal, o ritmo e a desenvoltura gestual beneficiam a auto-expressão, a prática do silêncio contribui amplamente nas aptidões para a vida.

Você pode favorecer o bem-estar a todo momento, estimulando os múltiplos sentidos por meio de um pequeno exercício de imaginação. Você acorda na praia e caminha na areia, sentindo a mansidão do sol. O mar, como um tapete azulado a perder-se nos confins do mundo, dá-lhe um abraço morno com cheiro de sal das salinas. Essas sensações criadas por uma simulação mental permanecem registradas em você. Agora, imagine que já perdeu a hora, que está atrasado, não teve tempo de tomar café e, destrambelhado, sai pelas ruas molhadas da cidade. O trânsito está parado.

Como reagirá? As sensações trazem consigo um estado de espírito. É o corpo quem garante a vitalidade. Eis a importância de trazer consciência a ele.

São bastante freqüentes as queixas, tais como certa rigidez muscular e dores de cabeça, fruto de uma relação profissional ou íntima. As pessoas estão absolutamente convencidas de que alguém é responsável e está provocando esse mal-estar. Entretanto, qualquer padrão corporal é resultado do que fazemos a nós mesmos. Encolhemos o ombro, enrijecemos o pescoço e minimizamos a respiração. Embora mudemos de parceiro ou de local de trabalho, as velhas atitudes permanecem. Podemonos esquivar das evidências, mas o corpo não mente.

Outro fato comum é que a primeira reação é a de tomar um analgésico quando sentimos um mal-estar físico. A dor pode amenizar, mas os sintomas físicos sempre apontam formas ultrapassadas que impedem a expressão. Só a autoformação poderá organizar novas posturas. Muitas vezes, as pessoas se surpreendem porque, depois de uma sessão de atendimento individual ou de um treinamento em grupo, saem extremamente aliviadas. Elas se sentem apoiadas para expandir seus limites aparentes em uma ação consistente. Experimentam o relaxamento, brincam com o corpo e saem revigoradas.

EXPERIÊNCIA PRÁTICA

A executiva de uma das empresas líder do setor de informática mundial resumiu: "Eu descobri nesse treinamento que tenho corpo. Isso mesmo! Eu nunca percebi quanto a falta de atividade física tem atrapalhado a minha disposição para viver melhor. Cheguei aqui de sapato alto e caderninho, achando que seria uma chatice passar dois dias enfurnada dentro de uma sala. Resultado: vocês nos fizeram mexer o corpo o tempo todo e eu me sinto mais disposta agora do que quando cheguei... Eu levo comigo a certeza de que o foco também depende da relação que estabeleço com meu corpo".

Alcançar tranqüilidade e experimentar o repouso acaba alterando completamente a predisposição anímica. Da mesma maneira, algumas pessoas se perguntam por que um *workshop* de Escrita Criativa sensibiliza-as a ponto de olharem não somente para a escrita, como também para os demais aspectos da existência. O movimento de expansão reorganiza integralmente nossa auto-expressão.

> **EXPERIÊNCIA PRÁTICA**
>
> "Realmente, o curso excedeu minhas expectativas. A forma – lúdica, descontraída, usando recursos de variadas fontes – não só é perfeitamente adequada, como sua aplicação é intencional. O que vocês colocaram no início é bem verdade: escrever é um ato corporal dinâmico."
>
> "Gostei, inclusive, das gargalhadas, das piadas e do bom humor, pois aprendi como criança aprende."
>
> "Certamente, o curso Escrita Criativa ajudou e ajudará a educar o meu cérebro e o meu corpo a agirem em sintonia e sempre a meu favor."

Outro ponto que não se pode negligenciar é o modo de estar no mundo, de lidar com o tempo e com o espaço. A pessoa rígida (consigo mesma), que estabelece prazos muito fixos, restringe também seu corpo. Lembre-se de pessoas que estão sempre buscando pêlo em ovo, criticando e exigindo em demasia de si e dos outros. Observe a tensão no pescoço, no olhar; o corpo parece retesado. Essa compressão, antes de ser física, é interna, permanecendo inscrita na expressão não-verbal. Ao enrijecer a forma de pensar, você também engessa a forma de agir. Por isso, insistimos sobre a importância de mantermos planejamento e organização acompanhados da flexibilidade necessária para lidar com imprevistos. O segredo está em modalidades físicas que não só proporcionem flexibilidade muscular e relaxamento, como ajudem a prevenir o estresse individual.

Por outro lado, a pessoa dispersiva, que não consegue planejar suas atividades, que perde a hora e deixa-se facilmente invadir, dá a impressão de fraqueza, de flacidez, de uma expansão sem contornos tangíveis. O corpo parece, muitas vezes, grande ou desajeitado, demonstrando uma aparente dificuldade em discernir a fronteira que o separa dos demais. Nesse marasmo, o desafio é definir necessidades e limites, treinando também a habilidade de concentração. Essa permissividade está escrita em um corpo que precisa organizar-se e desenvolver tônus muscular.

Felizmente, tudo é mutável, inclusive o corpo que molda a existência. Afinal, a expressão corporal é o sustentáculo indispensável para a clareza e a espontaneidade dos gestos. Eis a importância da boa postura e da autoconsciência: incorporar a maestria de nossos meios de expressão.

O corpo que pensa e sente

O CORPO TAMBÉM PENSA E SENTE. Assim, quando se fala pode-se pensar uma coisa, sentir internamente algo diferente, enquanto o corpo, por sua vez, pode expressar outra. Às vezes, você até acha alguém muito simpático, mas parece que falta algum ingrediente para estar totalmente à vontade com ele. No entanto, não há nada de concreto, nada que desabone a pessoa, mas você sente um leve incômodo que assoma a sua consciência.

Em outras ocasiões, você é pego de surpresa, angustiado – sem causa aparente. São sinais que o corpo emite, constantemente, por meio de sensações. É difícil falar delas e nos faltam palavras que decodifiquem aquilo que nos parece intangível.

> **EXPERIÊNCIA PRÁTICA**
>
> O depoimento a seguir exemplifica um daqueles momentos em que é preciso ir além da identificação da mensagem. "Lembro-me que quando saía de casa, estava tudo bem comigo. Depois de algum tempo de chegar à agência, eu começava a sentir dor no estômago. Isso se repetiu diversas vezes. Cheguei a fazer endoscopia e os exames não acusaram nada. Até eu me dar conta de que não estava no lugar certo e de que encerrava um ciclo profissional." Outro depoimento na mesma linha aponta os sinais que o corpo emite apontando alguma lição a ser apreendida. "Toda vez que eu visitava um cliente no Rio de Janeiro, na volta eu vomitava no avião. Só que eu nunca tive problemas com avião. Até que um dia percebi que o problema estava na minha relação com o cliente. Era tudo muito absurdo e meu corpo dava sinais claros de que nem todo dinheiro do mundo compensava aquele desgaste pessoal."

É preciso ouvir e dialogar com o corpo para saber o que nos está sendo transmitido. Parte do mal-estar aparentemente corporal, na verdade, muitas vezes nada tem de estratosférico. Isso acontece como no exemplo acima, quando o corpo aponta na direção que você não quer olhar. Outras vezes, os sinais indicam situações antigas ainda não resolvidas. Por vezes, são indicadores somáticos que apontam uma necessária revisão.

Por isso as dores sem explicação podem nos ensinar tanto! Há algo a resolver e são infinitas as possibilidades. Tal como diz a médica Rachel Naomi Remen em seu livro *Histórias que curam* (1998, p. 83), muitas de nossas dores incompreendidas têm que ver com algo que "receamos saber ou sentir, podendo estar associado com alguma experiência reprimida ou alguma parte não expressa e importante de quem somos". Logo a seguir ela afirma: "Sem recuperar aquilo que negamos, não podemos conhecer nossa integridade ou obter nossa cura".

> **EXPERIÊNCIA PRÁTICA**
>
> Um bom exemplo de somatização foi narrado por uma psicóloga. "Minha secretária tem enxaqueca sempre no final do mês. O problema dela é o saldo bancário. Comecei a notar que, quando chegava queixando-se de dor de cabeça, um dia antes ela tinha parado para fazer as contas. Ela ficava ruminando os mesmos pensamentos: eu preciso de dinheiro, o dinheiro não vai dar, vou ficar com o nome sujo. Então, perto de mim, agora, ela se sente mais segura porque sabe que pode pedir adiantamento. As enxaquecas continuam com menor intensidade. De qualquer forma, agora ela se sente em dívida comigo. É uma questão antiga, de muitos anos. Enquanto não olhar mais profundamente para isso, a enxaqueca vai continuar aparecendo."

Em outras situações, é como se as anteninhas de percepção, como um radar, sondassem o ambiente. Em fração de segundos, o corpo retrata o que está acontecendo. Se pegar carona no mal-estar coletivo, é possível promover alguma associação que tem que ver com a freqüência do lugar e das pessoas. Basta identificar as sensações como pertencentes ao exterior que o mal-estar se esvai.

> **EXPERIÊNCIA PRÁTICA**
>
> O corpo registra sensações externas, como identificou outra aluna. "A primeira vez que entrei em uma casa de abrigo de crianças, tive uma sensação de compressão no corpo, como se realmente alguém estivesse me apertando. Eu sentia dificuldade de respirar. Achei que fosse o calor, mas não estava tão quente assim. A sensação só desapareceu quando saí do lugar."

Esse é o tipo de atenção física. Até reconhecê-la, demora-se um bocado com interpretações exageradas ou equivocadas. Por um lado, pode-se achar que a angústia é pessoal e não do ambiente. A angústia pode ser real, o medo pode ser coletivo, mas não tem por que ser pessoal. Nem sempre é possível encontrar alguma explicação racional convincente.

Em certas ocasiões, ainda que a mente não tenha tido tempo de organizar todas as informações, há o impulso para tomar uma decisão com presteza. É como se o corpo por momentos fosse o depositário da nossa intuição. Nesse caso, não há espaço para dúvida alguma, porque essa certeza preenche da cabeça aos pés! Isso nada tem que ver com decisões intempestivas.

EXPERIÊNCIA PRÁTICA

Desse mesmo modo, outra aluna havia acabado de comprar uma casa. "Ao entrar nela pela primeira vez, em fração de segundos, formou-se uma grande festa dentro de mim. O corretor insistia: 'Mas a senhora mal viu o resto da casa'. Quando meu corpo sabe, nunca duvido. Isso não me impediu de responder às exigências práticas. A diferença é que eu estava certa de que a casa seria minha. Por isso, pude lidar com os imprevistos, sem transformar os obstáculos em empecilhos." Compreender que o corpo pode ser nosso grande aliado para perceber e interagir com o mundo leva tempo, requer treino e dedicação.

"Por vezes, chego a um local e sinto sensações estranhas. Passo a respirar com tranqüilidade. A reunião acontece dentro do previsto, mas meu corpo continua dizendo alguma coisa bem diferente do que minha mente está captando. Nesses casos, procuro ser mais cautelosa. O mesmo acontece quando conheço algumas pessoas. Tudo corre normalmente até sentir a boca do meu estômago palpitar, a garganta se fechar e a vontade de sair correndo daquele lugar sem nenhuma causa aparente. No começo, eu não entendia e relutava. O tempo passou e fui descobrindo que ouvir minha intuição é sempre a melhor prevenção. Evito situações desagradáveis", declarou um aluno durante os trabalhos.

Saber o que o corpo pensa e sente é uma arte. Vamos supor que toda a vida você tenha tido dificuldade de dizer "não" e de expressar as próprias idéias. Imaginemos que cada vez que deixe de dizer o que sente e pensa sofra de dores na boca do estômago ou de insônia à noite. Pensar em dizer o que poderia ter dito e sentir vontade de se expor serve de impulso. Contudo, enquanto não se expressar adequadamente, essa lição não terá sido aprendida em sua totalidade. É preciso integrá-la no comportamento, mediante treino e uma nova linha de pensamento e de ação.

Assim, os sintomas físicos expressam não apenas o que acontece na mente, como também a história pessoal. De fato, tudo está interligado. A mudança nunca é parcial. Por isso, ao mudar hábitos corporais altera-se igualmente padrões de comportamento. É preciso prepará-lo para incorporar mudanças que fazem parte da vida. Da mesma forma, desenvolver a empatia também suaviza as feições e os gestos. Um crescimento em compreensão ou em sensibilidade reverbera em nossa expressão. Parece que o coração cresceu a ponto de caber mais gente dentro dele.

Corpo inteligente

Para as pesquisadoras alemãs Doris Martin e Karin Boeck (1997, p. 36), "algumas coisas que se aprendem por meio das camadas mais jovens do cérebro acabam sendo automáticas e vão sendo incorporadas na programação do bulbo raquidiano: por exemplo, saber conduzir um automóvel". Imagine agora que você se convença de que é preciso mudar sua postura de dormir. Garanto que será uma guerra infernal. Quem vencerá: o velho hábito ou sua vontade de mudar?

A parte mais antiga e primitiva do cérebro – o bulbo raquidiano – trabalha em parceria com as demais regiões cerebrais. Portanto, não é possível imprimir novos padrões de comportamento se desconhecer a força dos velhos hábitos. A questão é não brigar com eles e reconhecer como e quando atuam.

Imaginemos que você queira mudar sua alimentação, integrar atividades físicas e manter horas regulares de sono e de repouso. O seu corpo exigirá tudo que sempre teve. Vai rebelar-se e retrucar como uma criança mimada, prestes a entrar em pânico por qualquer coisa. Se você forçá-lo a uma atitude intempestiva, mudando radicalmente seus hábitos, sem dúvida terá muito trabalho.

Você precisa estar disposto a driblar auto-sabotagens e pequenas rebeldias. Além disso, terá de enfrentar as razões que o levaram a adquirir hábitos inconvenientes que causam danos ou dependências. Isso é fácil de identificar quando se quer parar de fumar ou começar um regime. Em ambas as circunstâncias, a força dos velhos hábitos é maior do que se deseja.

EXPERIÊNCIA PRÁTICA

O relato a seguir, de uma psicóloga parceira da **Casa da Comunicação**, deixa claro o quanto parar de fumar e emagrecer são decisões que exigem uma reestruturação interna minuciosa. "Em ambos os casos o desafio é adquirir novos hábitos ou novas manias que lhe beneficiam. O hábito de fumar e o de comer exageradamente promovem um comprometimento tanto orgânico quanto psíquico. No caso do cigarro, por exemplo, há uma dependência da nicotina. Na obesidade, o corpo se habituou a uma determinada quantidade e a certo tipo de alimento. Nas duas situações, além do componente orgânico, há um hábito psíquico: você procura preencher algum vazio afetivo com coisas externas (cigarro ou alimentos). Então, o primeiro passo é aceitar que é 'gordo' ou que é dependente do cigarro. Ao mesmo tempo, terá de reconhecer as causas da ansiedade ou da carência. A parte mais difícil é justamente reconhecer os motivos que o levaram a comer em demasia ou a fumar. É um processo. Você precisa percorrer um caminho em busca da saúde física e mental. E terá de agregar valores ao seu objetivo para alcançar saúde, beleza e bem-estar."

A única maneira de implementar passo a passo uma programação de vida com autonomia é reconhecer os hábitos, desejar aprender hábitos saudáveis, acolhendo o velho e criando o novo. Não basta compreender os processos. Isso exige reformulação não apenas de atitudes, mas dos padrões emocionais e corporais. Trazer inteligência ao corpo afetará sua postura, devolvendo elegância e vitalidade. É necessário abrir limites para expandir e se tornar melhor. Aí você sabe mais e expressa mais. Vive muito mais. Para Stanley Keleman (1996), à medida que assume essa reorganização, você amplia a capacidade de auto-expressão. Essa reorganização só acontece por meio de experiências.

Respirar é preciso

DEDIQUE DEZ MINUTOS para estar atento à respiração. Feche os olhos e busque uma posição confortável. Caso prefira deitar-se, permaneça de costas, com os braços estirados ao longo do corpo. O mais provável é que um *trilhão* de pensamentos venham invadir o campo de percepção, além das imagens que também invadirão sua tela mental. Contudo, o exercício deve focar-se no fluxo respiratório. Procure exercitar-se, diariamente, no mínimo, durante uma semana.

Passada essa fase, faça a mesma experiência durante uma atividade corriqueira. Nesse caso, você é obrigado a realizar duas funções. Imagine estar diante da tela do computador ou da pia do banheiro. Enquanto está digitando ou escovando os dentes, ao mesmo tempo, acompanhe internamente a respiração. Isso vai exigir que silencie a mente e gesticule com muita calma.

Por último, tente manter a atenção na respiração em situações que envolvam outras pessoas. Você escuta o que tenham a lhe dizer e, simultaneamente, acompanha o movimento interno da respiração. Toda vez que, porventura, correr o risco de se exaltar ou de se distrair da conversa, traga a atenção para a respiração. Procure transformar esse hábito em um alarme que o ajude, em qualquer circunstância, a concentrar-se, estando relaxado.

Introspecção postural

Admitindo que o corpo é o depositário de nossa história de vida, não há como mudar padrões de comportamento sem flexibilizá-lo. Experimente atividades físicas que não fazem parte do seu rol de preferências. Os ganhos são incontáveis, mas dependem do quanto você está aberto às mudanças. "Essa disponibilidade para o novo requer o apetite natural de vida. Ao perdê-lo, perde-se também a criatividade" (Di Nizo, 2001b, p. 89).

A proposta é incluir, no repertório de vivências, algo que, em princípio, você jamais faria, provando e estimulando qualidades que ainda desconhece de si mesmo. A questão é romper padrões cristalizados na mente. Prove técnicas de meditação como a zen budista, a esotérica cristã, a meditação transcendental, entre outras. Cada uma delas tem princípios distintos, mas, em comum, todas possibilitam silenciar a conversa interna.

Imagine que seja avesso às multidões e aos excessos verbais e não-verbais. Como desorganizar esse retraimento sem experimentar a expansão no próprio corpo? Procure, por exemplo, aulas de dança de salão, *clown*, práticas circenses. Há meditações ativas nas práticas sufis.

A educação do corpo

Suponha que prefira freqüentar uma academia, por questões puramente estéticas. Isso não o impede de desenvolver a introspecção sensória. Pergunte, enquanto se exercita, o que cada parte do corpo está sentindo. Sinta, perceba e decodifique as sensações que normalmente passam despercebidas, ampliando a capacidade respiratória e a autopercepção. Treine-se a acompanhar o que acontece internamente.

Procure no dia-a-dia capturar o pulso de seus gestos, desenvolvendo a autoconsciência. Ao sentar-se, por exemplo, mantenha os pés no chão, formando um ângulo de 90°, a coluna ereta e flexível. Levante-se ao cabo de uma hora. Alongue o corpo. Tire a intensidade de qualquer rigidez muscular. Desorganize a falta de forma e organize uma estrutura altiva, relaxada e alerta. Traga todos os sentidos para a percepção do corpo. Consulte, por exemplo, um profissional de RPG ou de ginástica holística para trabalhar sua postura e trazer consciência aos movimentos.

EXPERIÊNCIA PRÁTICA

Imagine que está entrando segunda-feira de manhã no intervalo de uma classe do segundo grau. Quem já teve essa experiência sabe que muitos jovens estão quase a ponto de se deitar nas cadeiras, o que dificulta e muito a capacidade de prestar atenção. Sempre dou como exemplo os samurais que utilizam uma faixa na coluna, para mantê-la ereta. Eles sabem que o cérebro responde à postura corporal: se você estiver com os ombros caídos em uma posição de descaso consigo mesmo, é muito provável que subitamente deseje voltar para a cama ou estar à beira-mar. Ao contrário, quando você mantém uma atitude interna de vigilância e prontidão — estará preparado para o que der e vier.

Lembre-se de que escrever ou conversar é um ato corporal. Preste atenção à linguagem não-verbal. Envie comandos de tranqüilidade ao corpo e à mente. Ao preservar a atenção e a consciência despertas, estará não só evitando a distração e as tensões desnecessárias, como poderá conviver melhor consigo e interagir com ciência.

Frigir dos ovos

UMA VIDA SEDENTÁRIA TRAZ conseqüências nefastas. O preparador físico e professor de qualidade de vida Nuno Cobra (2002, p. 66) afirma que "O doente é aquela pessoa que rompeu com os fundamentos básicos da vida. Rompeu com princípios simples, como dormir, alimentar-se adequadamente, ter uma atividade física sistemática, relaxar..." Em suma, as doenças são decorrentes de nossa negligência e sedentarismo. As justificativas para não se levar adiante uma rotina regular de exercícios costumam ser convincentes. O segredo está em driblar os obstáculos reais ou aparentes.

EXPERIÊNCIA PRÁTICA

A seguir, alguns depoimentos alarmantes.

"Eu nunca encontro tempo para me dedicar a alguma atividade física. Antes eu até batia uma bola, mas machuquei o joelho e parei de jogar. Passo mais de 12 horas na empresa. Nunca sei a que horas vou poder me liberar." Só quem se exercita regularmente sabe que ganha tempo com os incontáveis benefícios. Maior a vitalidade, maior o foco e a disposição anímica.

"Comecei a participar da ginástica laboral. São só 15 minutinhos que fazem uma diferença e tanto, mas ultimamente não consigo participar. Tem sempre algum pepino para resolver que depende de mim." Paga-se um preço muito alto por não se fixar claramente prioridades e deixar a saúde física em segundo plano. Talvez a aprendizagem compreenda negociar uns minutos em prol do bem-estar, que garante vitalidade e atenção concentrada.

> "No ano passado, tive uma ameaça de enfarte. Logo em seguida, comecei a me programar pra ter uma vida mais saudável. Só que estamos em um momento de transição muito complicado lá na empresa. Acabo enrolado com os compromissos e deixo sempre para depois." Estar disposto a incorporar novos hábitos é uma questão de perseverar, de tentativas e erros. Um estilo de vida saudável para o coração, além do controle médico e da dieta saudável, requer não somente enfrentar os traços pessoais que o colocam em risco, como também praticar de forma moderada e diária exercícios físicos.
>
> "Eu tenho uma bela hérnia de disco." Algumas pessoas se queixam de dor nos joelhos, outras de dor nas costas. O importante é cada pessoa, sob supervisão médica quando for o caso, encontrar uma atividade física ou um trabalho corporal que lhe ajude a lidar com sua limitação, corrigindo, reorganizando posturas e a mobilidade natural. O segredo é começar devagar até sentir os benefícios de uma rotina saudável.

A pergunta continua sendo a mesma: "Que vida eu quero ter?" Desenvolver a aptidão física com exercício regular não só evita riscos de doenças (diabetes, ataques do coração, obesidade), como alivia sintomas de ansiedade e depressão, melhorando significativamente o humor.

> **EXPERIÊNCIA PRÁTICA**
>
> "Eu gostaria que as pessoas soubessem como me fazem bem minhas caminhadas diárias. O ganho é também em saúde emocional. Aprendo a relaxar e volto sempre com tudo claro na minha cabeça", afirma uma aluna.
>
> Outra aluna fala dos benefícios da ioga como coadjuvante no tratamento da depressão. "Para ser sincera, eu nunca gostei muito de ioga, porque prefiro modalidades mais suaves. Então, quando tive depressão, minha terapeuta me indicou especificamente *kundalini* ioga. Tive aulas durante seis meses. Tenho de admitir que foi um santo remédio. Era um horror me levantar, me vestir, sair de casa e me imaginar respirando como uma doida fazendo aquelas posturas impensáveis. Era tudo um grande parto, só que quando acabava a aula eu me sentia outra pessoa... Pra quem está depressivo, nada como um grande alívio e uma trégua porque a gente recupera a lucidez e a vontade de viver."

Mas, para levar adiante uma proposta de vida mais saudável, é preciso um esforço permanente e conjunto. Nas empresas, por exemplo, são cada vez mais freqüentes programas de atividades físicas, de incentivos ao esporte e de qualidade de vida, que visam minimizar o sedentarismo e o estresse.

EXPERIÊNCIA PRÁTICA

O desafio é vencer os obstáculos de toda ordem: por um lado, as resistências individuais, por outro, a própria cultura das organizações. Vejamos os depoimentos a seguir: "Eu me lembro quando o pessoal do meu condomínio se mobilizou para montarmos uma academia no salão do prédio. Até hoje estamos pagando as contas da reforma. No começo, parecia que íamos ter de montar um rodízio e que os aparelhos não dariam conta. Hoje, a qualquer hora que você chegar não tem ninguém. O mesmo acontece com as aulas de alongamento na empresa. No começo foi um alvoroço. Ficávamos apertados na sala. Pouco a pouco, o grupo foi reduzindo. No início, éramos umas 50 pessoas. Agora só umas dez pessoas participam regularmente."

"De que adianta ginástica laboral às 8 se o nosso turno começa às 6 da manhã? Nessa troca de turno a máquina não pode parar. Quando começa a ginástica, a gente já está alucinado e o supervisor pressionando. Ele só grita: 'Pau na máquina! Temos de dobrar a produção!' De que adiantam esses cursos e tanto discurso à toa se a nossa chefia não concorda? E tem mais, a maioria dos supervisores é gente como a gente, mas que mudou de posição e ficou com o rei na barriga. Eles acham que a fábrica é deles e que a gente está lá pra ser pau mandado. Então, a empresa tinha que trabalhar primeiro com os supervisores."

Incorporar mudanças desejáveis requer muito mais que ações isoladas. Elas precisam estar respaldadas e alinhadas a estratégias e princípios do *como* se pretende alcançar metas. Daí a necessidade de desenvolver programas contínuos de educação e sensibilização de uma cultura de qualidade. No âmbito pessoal, além de vencer resistências, é fundamental comprometer-se integralmente com sua vontade maior.

> **EXPERIÊNCIA PRÁTICA**
>
> O importante é a atitude. "Às vezes, tenho de fazer certo esforço para vencer a preguiça de ir à academia. Então, lembro do quanto me sinto revigorada — corpo e mente — quando começo a fazer os exercícios. Eles tonificam e enchem de prazer não só os músculos, mas os pensamentos. Impossível sair da academia de mau humor!"

Por meio de modalidades mais suaves, como o alongamento, promove-se tanto a saúde física quanto o bem-estar. O relaxamento decorrente dissolve tensões e areja as camadas mais sutis da memória emotiva. Já os exercícios aeróbicos, como correr, andar ou nadar, desenvolvem, essencialmente, a aptidão cardiorrespiratória. Por isso, são insubstituíveis para a prevenção das doenças e a manutenção da saúde.

Também a prática de esporte recreativo ou de qualquer atividade física (monitorada por profissionais da saúde) traz benefícios fisiológicos, emocionais e psicológicos. O cuidado é o de não pecar pelo exagero, que também pode promover lesões ou desequilíbrios. O mais importante é a moderação e a regularidade para manter benefícios contínuos.

Outro método é o Pilates, cujo objetivo é, por meio de uma série de exercícios, aprender a ativar ou a relaxar os músculos, buscando um equilíbrio muscular. Os três princípios dessa modalidade são a postura, a respiração e o alinhamento apropriado do corpo.

Trabalhar posturas é outro grande pilar da saúde. Um dos métodos é a reeducação postural global (RPG), que, por meio de posturas específicas, permite um alongamento global, o alinhamento e a simetria dos segmentos corporais, além de promover o reequilíbrio do tônus postural.

> **EXPERIÊNCIA PRÁTICA**
>
> Os depoimentos a seguir demonstram a importância de encontrar uma modalidade adequada à sua natureza.
>
> "Achei um horror aquelas posições estranhíssimas e desconfortáveis. Fui uma só vez e nunca mais voltei."
>
> "Não vivo sem minhas sessões de RPG. No início era tudo muito esquisito, mas fui tomando gosto pela coisa à medida que eu sentia os benefícios concretos. Realmente ganhei em tonicidade, sinto-me mais altiva e mais à vontade com meu corpo."

A ginástica holística, por exemplo, desperta o sensorial e a tomada de consciência do próprio corpo. Com movimentos simples e suaves, você descobre sua mobilidade natural, desenvolve gestos mais expressivos e harmônicos, agindo, simultaneamente, sobre a respiração, o equilíbrio e o tônus muscular.

> **EXPERIÊNCIA PRÁTICA**
>
> O depoimento a seguir é de uma parceira que descobriu, por meio da ginástica holística, um método não apenas de melhorar a postura e desenvolver consciência corporal, como também de administrar seu temperamento ansioso. "É incrível como pequenos e sutis movimentos, associados à respiração, podem promover tamanha mudança no todo. Eu me aproprio do meu corpo, consigo perceber cada contorno. Meu alinhamento vertical está em pleno resgate – isto porque eu parecia um anzol de tão curva. Mas o que realmente me impressiona é o efeito de sedar a minha ansiedade. A GH (ginástica holística) me acalma, me devolve para o eixo, é como se ela não agisse somente no meu corpo, mas na minha psique. É isto que eu sinto."

A antiginástica, por sua vez, é um trabalho que também lhe permite reencontrar a mobilidade e a vitalidade dos músculos, fortalecendo a estrutura sobre a qual descansam sua consciência e sua sensibilidade. É uma forma poderosa de conhecer o roteiro de sua vida e as possibilidades de superação e expansão.

Flexibilizar, tranqüilizar e revigorar o corpo são cuidados inestimáveis. Nutri-lo com tudo que estimule a vontade de viver é sinal de sabedoria! Um corpo vivo na sua totalidade só pode ser resultado de uma vida que se quer ter. Portanto, trace suas metas e conspire a seu favor! Pesquise no mercado. Há uma infinidade de opções de trabalhos consistentes, de práticas para todos os gostos. Persista até encontrar um estilo de atividade física condizente com sua natureza. Prove.

Sinônimo de qualidade de vida, desenvolver a aptidão física não apenas previne, como combate o estresse e o sedentarismo. Além disso, é sempre uma grata surpresa, por meio do corpo, aprender mais sobre nós mesmos, decodificando nossa história e nossas pegadas no caminho. Por isso, sustente a visão da vida que você quer construir. Comece devagar para chegar longe.

A educação da comunicação intrapessoal

Capítulo IV

Autoconhecimento

Você acha fácil deixar de lado preocupações, temores e dúvidas? Já se sentiu tentado a abandonar metas, vendo-se incapaz de juntar vontade suficiente para vencer dificuldades e resistências? Por acaso tem um arsenal de desculpas coerentes para adiar os compromissos verdadeiramente importantes? O bombardeio excessivo de estímulos acaba por amortecer ou excitar a percepção de tudo que acontece.

Qualquer um de nós está sempre sujeito às situações que muitas vezes independem da nossa vontade. Além do mais, "tudo e todos" podem ser motivos de insatisfação. Reconheça os empecilhos internos e externos, investigando as reações como parte da dinâmica da personalidade. Observe a tendência de fomentar a crítica, os julgamentos e as queixas constantes. Esse estado "irritadiço" e de lamentação latentes, bem como o estresse contínuo, altera a predisposição anímica.

O sociólogo italiano Domenico De Masi (2000, p. 236) afirma que existem milhões de executivos "que vivem num tipo de quartel psíquico e são infelizes porque são limitados". Mais adiante, conclui: "Eu acredito que os executivos de meia-idade sejam, sob certo aspecto, pessoas doentes. E o que é pior: a doença deles é contagiosa".

É possível não se envolver em incessantes inquietações? Como desorganizar a contínua insatisfação? De que forma organizar a satisfação? **Que vida você quer ter?** Quais valores respaldam sua conduta? Que virtudes formam sua expressão no mundo?

Não é possível prever ou evitar certas circunstâncias. Então, é básico atender às próprias necessidades e propiciar estados de ânimo favoráveis, independentemente das condições externas. Por isso, integre atividades que assegurem o seu bem-estar psicológico.

É fundamental escolher os parceiros adequados e criar um contexto favorável para aflorar sua inteligência e sensibilidade. Oferecer incentivos ao corpo e à mente. Isso implica assumir riscos, aprender a relaxar e a descobrir formas de explorar a realidade – sabendo que é possível transformar-se sempre.

Mas lembre-se: o tempero mais saboroso e que faz a diferença é o bom humor. A satisfação genuína depende tão-somente de nosso estado mental. Quando você cultiva, a cada ato, uma alegria natural, sem dúvida constrói uma vida mais significativa.

Um tempo para cada coisa

É PRECISO UM TEMPO para cada coisa: trabalho, lazer, vida intrapessoal (você com você) e interpessoal (família, amigos e colegas). Vamos supor que esteja atravessando um período de dificuldades financeiras. Circunstancialmente, sua prioridade passa a ser ganhar mais dinheiro.

Nesse caso, você priorizará as questões de trabalho e a administração da vida financeira. Liste as despesas e programe os gastos. Isso não significa que só vai pensar em trabalhar. Mesmo porque é importante nutrir-se de relacionamentos e de uma vida saudável que garanta o bem-estar.

Trata-se de rever a relação consigo mesmo estabelecendo uma programação que respeite nossa individualidade e fortaleça nossa auto-estima. É preciso considerar-se merecedor, acreditando na abundância para que haja a geração de prosperidade. Se estiver sempre preocupado com contas a pagar ou com dívidas acumuladas, dificilmente conseguirá perceber as oportunidades e ser criativo.

Ao mesmo tempo, é importante rever sua relação com o dinheiro, determinando critérios de gastos. Mas leve em conta que a sociedade privilegia valores, como a aparência. Somos movidos por um consumo frenético, por "ter" sempre alguma coisa a mais. Você entra no supermercado para comprar açúcar e sai com o carrinho carregado de promoções e supérfluos! A lição é fazer uma lista e não comprar nada além do que necessita.

Lazer faz parte de uma vida saudável. É importante cultivar a alegria do tempo livre. Aprender a descansar, divertir-se, distrair-se. Você pode escolher jogar cartas com amigos ou assistir a um jogo de futebol. Pode, simplesmente, levar o filho no parque e ficar de mãos dadas com seu marido, redescobrindo o prazer da sua companhia. Conviver com a solidão, enriquecendo-a de significados, também é um contínuo aprender.

É necessário rever a administração do tempo e dos seus próprios recursos – fato que requer o permanente alimentar do processo criativo. É preciso paixão, qualidade da atenção e motivação em perseverar. É respeitar a si e aos compromissos, ajustando o comportamento com responsabilidade. Em suma, é colocar-se em ação com o melhor de si para estabelecer uma rotina de mobilidade.

O que você tem feito para suprir suas necessidades? Como pode contribuir para satisfazê-las? E assim por diante. Relacionar tudo que é importante em nossa vida. Administrá-la com esmero é sempre uma grata surpresa. Diariamente, observar-se. Afinar-se, cada vez mais, com nossos propósitos, pensando, sentindo e agindo em concordância.

A educação da comunicação intrapessoal

Educar-se por meio da introspecção

A COMUNICAÇÃO INTRAPESSOAL exige integrar, no cotidiano, a habilidade de, lenta e metodicamente, colocar de lado desejos e emoções embaraçosos. Confrontar-se é uma árdua tarefa. Representa ter a coragem de revelar os prejuízos que causamos a nós e aos demais. Entretanto, não há outra forma, além da implacável sinceridade íntima.

Os benefícios da prática da introspecção são incontáveis. Aprende-se a monitorar os indícios e a rota de um trem de pensamento ou de emoção. Ao realizá-la, a cada momento, avalia-se com clareza a (auto) capacidade de atingir metas. Compreende-se como e por que acionamos o piloto automático. Trata-se de uma observação isenta de autocríticas ou de julgamentos punitivos. Você escolhe **a vida que quer ter**.

> É possível certificar-se de que a cadeia de reações é bastante previsível. Por exemplo, suponha que comece a detectar uma sonolência espantosa. Essa sensação dispara o pensamento: *Estou cansado! Depois eu continuo.* E assim sucessivamente. Toda vez que estiver sonolento, você vai perceber que os argumentos internos fazem você abandonar ou adiar uma tarefa.
>
> Passados alguns dias, quando observar esse padrão de embotamento, decida resolver as pendências. Descubra a infinidade de tarefas adiadas, de situações perturbadoras que deixou de lado. Assim, sempre que sentir sonolência, você saberá que esse é um sintoma claro para a mudança de atitude. Investigue o que está inacabado ou fora do lugar. É como desenvolver sensores internos e externos que rastreiam a cadeia de reações.

O hábito da auto-observação permitirá ir além do óbvio, aprofundando a investigação nas camadas mais profundas e sutis da sua natureza. Para o lama tibetano, Tarthang Tulku (1978, p. 107), pela observação cuidadosa dos pensamentos pode-se aprender a experimentar diretamente pensamentos ou conceitos. Se ficarmos com cada pensamento de uma maneira delicada e habilidosa, poderemos sentir seus diferentes padrões e tons. É entrar na experiência interior ou tornar-se de fato a experiência.

EXPERIÊNCIA PRÁTICA

A observação profunda do sentimento e de suas mensagens pode ser como um "daqueles" conceitos complexos que assustam à primeira vista, ou simplesmente são percebidos em todas as suas expressões que, às vezes, são antes percebidas por terceiros. Observei uma amiga que, recuperada de sérios problemas de coluna, acordou prevendo o retorno de uma das antigas crises. "Acordei com a mesma sensação tomando conta de mim. Liguei para a fisioterapeuta, contando sobre meu medo de a dor recomeçar a qualquer momento." Ainda ao telefone, a fisioterapeuta percebeu que minha amiga estava com muito medo de ter dor. Quanto mais contraída ela ficasse com a possibilidade da crise, mais próxima ela estaria da dor física. "Ao telefone, minha fisioterapeuta disse: 'Não vá para a cama nem tome medicamentos. Continue fazendo aos pouquinhos tudo que você tem para fazer e, se você não melhorar, no final do dia, vou te atender'. Adivinha? Acalmei-me com as palavras dela e segui à risca seu conselho. No final do dia, liguei para dizer que estava bem. Não precisei nem ser atendida." De fato, minha amiga precisava estar junto de suas emoções e, assim, perceber que para vencer a crise verdadeira era preciso superar o medo da dor imaginária.

Paulatinamente, poderá apropriar-se dessa mente que observa e investiga a própria experiência. Ao sintonizar, por exemplo, o sentimento e olhá-lo de todos os lados, essas emoções perdem seu caráter imediato, sua agudeza. É um modo de expandir a compreensão e de ampliar as práticas da vida. Substitui-se uma visão limitada por uma visão panorâmica.

O desafio é conhecer os atributos da personalidade, o modo pelo qual ela se expressa em si mesma e em relação aos outros. Afinal, você reproduz em seus relacionamentos exatamente aquilo que aprendeu consigo mesmo. Ou seja, a comunicação estabelecida definirá o modo como se comunica com o mundo.

É um desvelar contínuo. Daí descobre que a grande chave é o auto-respeito. Em vez de brigar com as pessoas, passará a cooperar com a vida que há em você. Em vez de julgar os demais responsáveis por sua raiva, assumirá o compromisso de cuidar de suas necessidades não atendidas. Em vez de reparar no que lhe fazem, tomará o cuidado de fazer o melhor para si. Em vez de desconfiar, se preocupará em merecer a confiança alheia. Em vez de enxergar os relacionamentos como empecilhos ou como uma troca de carências, passará a se apoiar neles e a dividir com as pessoas a felicidade, criando um sistema de apoio mútuo. Em vez de permanecer impassível, resgatará a sensibilidade para ampliar sua compreensão. É pela experiência que conhecerá as lições mais profundas.

Passamos a olhar a vida como o verdadeiro mestre e a nós mesmos como o melhor conselheiro! Assim, ao contrário do automatismo, como afirma Stylianos Atteshlis (1994, p. 128), "é possível estruturar novas formas de pensar, sentir e agir, inspiradas pelo amor, pela razão e pelo reto pensar". Você escolhe conscientemente **que vida quer ter**.

Reflexão

Para chegar a algum lugar é preciso arriscar-se. É uma questão de adquirir experiência e aprendizado. Fortalecer a vontade é o primeiro passo. Contudo, querer não basta. É preciso "educar" o querer. Ao mesmo tempo, é necessário "educar" a

A educação da comunicação intrapessoal

atenção, aprendendo, em qualquer situação, a observar as pegadas no caminho.

É um equívoco considerar-se invencível. De que adiantam as receitas motivadoras quando os pequenos temores vão minando silenciosa e incansavelmente nossa vitalidade? São medos que, embora não confessados, permanecem na soleira da alma. Confusa, nossa razão parece escorregar pelo vão da sensatez.

Mas muitas vezes nos sentimos terrivelmente sós. De repente, olhamos ao redor e nos maravilhamos com as distintas faces da humanidade. O sol, como um menino maroto, esconde-se por trás do horizonte. Então, percebemos quanto nos atormentamos em vão, com crenças e pensamentos que nos roubam os momentos de paz. Paramos de culpar o mundo. Assumimos o compromisso de lidar com a própria sombra.

Descobrimos as artimanhas do nosso gênio criador. Vai ver inventamos demônios humanos com a imaginação. Constatamos quantas vezes não procuramos receitas, gurus, prazeres, pílulas e distrações que refresquem os remorsos, os ressentimentos e os temores. Resta-nos recuperar o sentido da vida. A única solução é confrontar nossas criações.

Onde está o essencial? De que maneira reunir os próprios recursos? Como lidar com os estados de ansiedade e angústia? Às vezes, não bastam os amigos e as atividades. Tal qual no caso de déficit de atenção, há processos depressivos que exigem não apenas acompanhamento terapêutico, como também medicamento apropriado.

> **EXPERIÊNCIA PRÁTICA**
>
> O depoimento a seguir é de uma das psiquiatras que têm acompanhado o trabalho da **Casa da Comunicação**. Ela fala do uso do medicamento em casos de depressão e ansiedade. "A medicação cumpre a função de diminuir os sintomas. Somente assim, o paciente tem condições de parar, pensar na própria vida e entrar no eixo. Há pessoas que, após um mês sob medicação, se sentem tão bem que abandonam o tratamento – acreditam que o remédio as curou. E ficam péssimas de novo porque não fizeram nada para mudar o sistema de vida. Os sintomas voltam porque está tudo do mesmo tamanho. Então, eu sempre alerto meus pacientes: o medicamento só diminui a sintomatologia. Não cura. Se o paciente não tiver um acompanhamento terapêutico, não procurar se ajudar, os sintomas voltam. Mas tem gente que prefere simplesmente tomar remédio pelo resto da vida."

A depressão não é uma doença nova. Ela sempre existiu, em grande parte devido à falta de hábitos eficazes. Assim como o excesso de raiva acaba congestionando o fígado, a depressão afeta o sistema nervoso central. Há um colapso químico. O resultado é a ineficácia. Genética é genética; contudo, cada um de nós é capaz de favorecer o processo de administração intra e interpessoal.

A natureza leva tempo para organizar nossa desarrumação. É hora de arrumar a casa! O trabalho pessoal requer amor-próprio, respeito pela vida, pela humanidade, por tudo que existe. Precisamos tanto da auto-estima, quanto uns dos outros. É preciso substituir o "eu" por "nós", o "ter" pelo "ser". Isso exige transformar-se, constantemente, desconfiando das fórmulas fáceis e inúteis de fabricar felicidade, que fomentam ilusão e comodismo.

O auto-aprendizado é competência essencial, mas não basta por si só. É essencial agregar valores ao aprendizado. Os valores representam a bússola que norteia nossas ações no mundo. Cada valor ocupa um papel fundamental ou secundário na construção da sua identidade. No dizer do renomado psicólogo francês Yves de la Taille (2002, p. 169),

se alguém constrói sua identidade em torno de valores como sucesso, *status* e riqueza, a pessoa pode até pretender ser justa, mas tal valor pode ser apenas periférico. Ela sentirá menos vergonha de ser injusta com os demais do que fracassar no trabalho ou não ter dinheiro. Em prol da auto-estima pode sacrificar seus valores morais.

Costumo dar um exemplo muito simples: logo após um assalto, o infrator está certo da sua competência. Portanto, o conceito que tem se si melhora. Ele não se envergonha, ao contrário, vangloria-se de sua contravenção. Do mesmo modo, o indivíduo que, por exemplo, construiu a identidade em torno do sucesso profissional, pode não se acanhar se for injusto ou faltar com a transparência e a solidariedade. Ele se envergonhará, com certeza, se não for bem-sucedido no trabalho ou nos negócios. Concluímos que uma elevada auto-estima não compreende necessariamente um comportamento ético que colabore e contribua para um mundo melhor.

Assim, para Yves de La Taille (2006, p. 64), auto-estima é toda e qualquer representação de si com forma positiva. E o auto-respeito, por sua vez, contempla valores morais. "Uma vida feliz, para merecer o qualificativo de ética, implica experimentar o auto-respeito, logo, agir com honra". Frente a conflitos de interesses e a muitas vontades, o grande desafio é que prevaleça a vontade moral. O respeito e o valor a si próprio e aos demais são inseparáveis. Portanto, cultivar a auto-estima é essencial desde que seja ancorada na educação do querer.

Viver de modo responsável na sociedade representa também admitir que os valores coletivos sociais podem diferir da nossa natureza mais profunda. O entorno pode privilegiar a competição e a aparência, mas você pode escolher a colaboração e a autenticidade como fatores integrantes de seu propósito de vida. Resta-nos aceitar e ratificar nossa independência e autonomia, mantendo-nos sinceros na construção de uma personalidade ética, receptiva ao diálogo.

Meu próximo livro *Querer: o meu, o seu e o nosso – Comunicação interpessoal* abordará a comunicação interpessoal. Para depararmos com as limitações dos relacionamentos, é necessária, sobretudo, uma ponte de conversação permanente. O primeiro passo é aceitar a necessidade de individuação, assumindo maior responsabilidade sobre a própria vida e sobre a própria satisfação. Entender o piloto automático, o que somos e aparentamos ser. Denota confiança nos recursos pessoais, garantindo potencialidades em nós mesmos e nos demais. Representa encontrar sentido para a sua existência. Somente ao construirmos uma vida mais significativa, curamos o distanciamento de nós mesmos. O segredo é validar e incorporar os valores e princípios que determinam a nossa razão de ser.

Comprometimento

A FORMAÇÃO DO ATOR EXIGE, entre outros atributos, o treino constante da concentração. Imagine uma atriz como Fernanda Montenegro em cena. Alguém tem dúvida de que ela está imersa integralmente enquanto atua? Certamente sua atuação nos convence de seu envolvimento em todos os níveis: intelectual, físico e intuitivo. O ator completo acaba desenvolvendo uma disciplina espontânea, peculiar à própria atividade. Trata-se de uma ação responsável e criativa. Por meio da autodisciplina e ao mesmo tempo pela espontaneidade, evita a repetição de velhas ações e abre espaço para o novo.

Aprender a concentrar-se exige treino. Algumas pessoas têm uma mente que executa várias tarefas ao mesmo tempo com facilidade. É como se a mente fosse multifacetada. Elas são capazes de falar ao telefone, ouvir a conversa paralela e, ainda, responder a uma solicitação externa. Tudo isso com uma naturalidade espantosa. Para elas, o desafio é fazer uma única coisa com esmero e tranqüilidade. Por outro lado, há pessoas que só se sentem bem desempenhando uma única coisa por vez. O desafio aqui é acelerar o ritmo com tarefas simultâneas.

Costumamos dizer que ao tentar conduzir um carro pela primeira vez – com raras exceções –, ninguém sai guiando. Aprende-se passo a passo, até que os movimentos se tornem sincrônicos. O mesmo acontece com a capacidade de concentração. No início, aprende-se a focalizar a mente em um único ponto e a relaxar toda a rigidez desnecessária. Ao mesmo tempo, descobre-se que, além da concentração, ao realizar alguma tarefa com "vontade", sua imersão será quase que instantânea. O resultado é o prazer e a auto-satisfação.

EXPERIÊNCIA PRÁTICA

Os depoimentos a seguir, durante um treinamento, ilustram muito bem a interação entre educação da vontade e da atenção. "Aquela dupla se saiu muito bem. Estavam concentrados e faziam tudo com garra. Isto passa credibilidade, confiança. Então, perguntamos à dupla: 'Qual foi a diferença que vocês sentiram neste exercício e no anterior?' Eles foram unânimes: 'O anterior eu fiz no piloto automático, fiz por fazer, sem me envolver. Fiquei brigando com a tarefa e achando tudo muito chato. Não estava concentrado, nem

> com vontade. Eu estava todo o tempo preocupado de estar pagando o maior mico aqui na frente. Meu foco estava nas pessoas e não na minha tarefa. O que deu pra perceber é que muitas coisas eu faço desse mesmo modo – desmotivado e preocupado com o que as pessoas vão pensar de mim. Agora foi bem diferente. Eu nem me dei conta de que tinha gente me observando porque estava concentrado e empenhado. Fazer as coisas com vontade não garante só qualidade, mas, sobretudo, dá prazer. É gostoso!"

No momento, as grandes empresas enxugam suas equipes e sobrecarregam seus colaboradores. Em conseqüência, todo mundo precisa driblar as pressões para corresponder à demanda crescente. É necessário aprender a fazer muitas coisas – e todas muito bem-feitas. Planejamento e organização tornam-se imprescindíveis. E o diferencial está sempre na qualidade – seja no atendimento ao cliente (interno e externo), no produto, nas relações. A consciência na qualidade total é o que nos interessa.

Assim, o profissional do futuro é aquele que não somente desenvolveu habilidades técnicas, mas dedicou tempo ao seu desenvolvimento pessoal. Essa tarefa implica investimento na qualidade de vida sustentável. Humanizar-se é a palavra-chave. À medida que você sabe como melhor servir o mundo, mais chance terá de cultivar o auto-respeito. Em suma, você só poderá organizar sua satisfação se amar o que faz. Tal como o ator, trata-se de cultivar uma disciplina escolhida livremente com base no envolvimento total com o trabalho – com sua visão e sua missão. Isso exige estar sempre afinando a vida que você quer ter, convicto de sua vocação autêntica.

Como se não fossem poucas as exigências, ainda temos de ser criativos. Muita flexibilidade para transformar-se com as mudanças constantes. A criatividade não é mérito apenas dos artistas e cientistas. Todos nós, diversas vezes, já fizemos a "coisa certa" sem pensar. Já desbravamos algum espaço desconhecido. Criatividade é essa atitude de explorar a realidade. É o olhar da descoberta. É espontaneamente fazer as mesmas coisas de um jeito novo a cada vez. É resultado da educação da atenção e da vontade que crescem diante dos desafios. É fruto do comprometimento com a vida que você quer ter. Por isso, quanto mais focado, mais criativo você será.

Este livro é um convite à descoberta da fonte inesgotável de nossas possibilidades. Reinventar o pensamento, ousar, propor e construir sua autonomia. Respeite sua natureza profunda, lembrando que você é, em permanência, o "vir a ser"... Reconheça seus talentos naturais, aposte em si mesmo, supere limites. Dedique-se a cada dia, desenvolvendo-se sempre. Cabe a você confiar na inteligência intuitiva e na generosidade dos pequenos atos amorosos, evoluindo em atenção e consciência, motivação e sabedoria.

Referências bibliográficas

ATTESHLIS, Stylianos. *A prática esotérica, meditações cristãs e exercícios.* São Paulo: Ground, 1994.

BOAL, Augusto. *O arco-íris do desejo – Método Boal de teatro e terapia.* Rio de Janeiro: Civilização Brasileira, 1996.

BUZZI, R. Arcângelo. *Introdução ao pensar – A linguagem, o conhecimento, o ser.* Petrópolis: Vozes, 1987.

CAMPBELL, James Quik *et al. O executivo em harmonia – Um guia que mostra como obter os melhores resultados na vida pessoal e profissional por meio do equilíbrio entre corpo, mente e carreira.* São Paulo: Publifolha, 2002.

COBRA, Nuno. *A semente da vitória.* São Paulo: Senac, 2002.

DE MASI, Domenico. *O ócio criativo.* Rio de Janeiro: Sextante, 2000.

DI NIZO, Renata. "O sentido das coisas". In: *R.C.S.P. Pacaembu,* Distrito 4.610, Boletim Informativo Semanal, n. 45 – Ano Rotário 2000-1, *Jornal Estadium,* 28 maio 2001a.

_____. *Sem crise – Vencendo obstáculos da adolescência ao vestibular.* São Paulo: Elevação, 2001b.

ECHEVERRIA, Rafael. *Ontología del lenguaje.* Santiago do Chile: Dólmen Ensayo, 1998.

ENDE, Michel. *Manu, a menina que sabia ouvir.* São Paulo: Salamandra, 1973.

GARDNER, Howard. *Estruturas da mente – A teoria das inteligências múltiplas.* Porto Alegre: Artes Médicas, 1994.

GIANNOTTI, José Arthur. "A primeira morte de Wittgenstein". In: *Caderno Mais!, Folha de S.Paulo,* São Paulo, 29 abr. 2001.

GOLEMAN, Daniel. *Inteligência emocional: a teoria revolucionária que redefine o que é ser inteligente.* Rio de Janeiro: Objetiva, 1995.

HALLOWEL, M.; RATEY, John. *Tendência à distração – Identificação e gerência do distúrbio do déficit de atenção da infância à vida adulta*. São Paulo: Rocco, 1999.

HEIDEGGER, M. *Qu'appelle-t-on penser?* Paris: PUF, 1973.

KELEMAN, Stanley. *O corpo diz sua mente*. São Paulo: Summus, 1996.

LA TAILLE, Yves de. *Vergonha – A ferida moral*. Petrópolis: Vozes, 2002.

_____. *Moral e ética – Dimensões intelectuais e afetivas*. Porto Alegre: Artemed, 2006.

LAMA, Dalai. *O livro da sabedoria*. São Paulo: Martins Fontes, 2000a.

_____. *Uma ética para o novo milênio*. São Paulo: Sextante, 2000b.

LEVY, Pierre. *As tecnologias da inteligência – O futuro do pensamento na era da informática*. São Paulo: 34, 1999.

MACKAY, I. *Como ouvir pessoas*. São Paulo: Nobel, 2000.

MARIOTTI, Humberto. *Os cinco saberes do pensamento complexo (pontos de encontro entre as obras de Edgard Morin, Fernando Pessoa e outros escritores)*. Comunicação às 3as Conferências Internacionais de Epistemologia e Filosofia, abr. 2002.

MARTIN, Doris; BOECK, Karin. *O que é a inteligência emocional – Como conseguir que as nossas emoções determinem o nosso triunfo em todas as situações*. Lisboa: Pergaminho, 1997.

MARTINEAUD, Sophie; ENGELHART, Dominique. *Teste a sua inteligência emocional – Acabou o QI, meça o QE*. Lisboa: Pergaminho, 1998.

MATURANA, Humberto. *El sentido del humano*. Santiago: Hachette, 1992.

MATURANA, Humberto; VARELA, F. "Fenomenología del conocer". In: *Revista de Tecnología Educativa*, Santiago, 1983.

MENDES DE ALMEIDA, José Ronaldo; MENEGHINI MENDES DE ALMEIDA, Ronaldo. *Novos rumos em comunicação interpessoal*. São Paulo: Nobel, 2000.

MINSKY, M. *La société de l'esprit*. Paris: InterÉditions, 1988.

MORIN, Edgard. *Os sete saberes necessários à educação do futuro*. São Paulo: Cortez; Brasília: Unesco, 2001.

MUSSAK, Eugênio. "Conte até dez". In: *Revista Vida Simples*, n° 15, p. 57, abr. 2004.

PALMER, Helen. *O Eneagrama – Compreendendo-se a si mesmo e aos outros em sua vida*. São Paulo: Paulinas, 1993.

POYARES, W. *O carisma da comunicação humana*. São Paulo: Elevação, 1998.

REMEN, Rachel Naomi. *Histórias que curam – Conversas sábias ao pé do fogão*. São Paulo: Ágora, 1998.

REYO, Zulma. *Karma e sexualidade – A experiência alquímica humana*. São Paulo: Ground, 1992.

ROBBINS, Anthony. *Poder sem limites*. São Paulo: Best Seller, 1987.

SOLOMON, Andrew. *O demônio do meio-dia – Uma anatomia da depressão*. São Paulo: Objetiva, 2002.

TULKU, Tarthang. *A expansão da mente*. São Paulo: Cultrix, 1978.

IMPRESSO NA
sumago gráfica editorial ltda
rua itauna, 789   vila maria
02111-031 são paulo   sp
telefax 11 **6955 5636**
sumago@terra.com.br

--- — — — — — — — — — dobre aqui - — — — — — — — — — — —

CARTA-RESPOSTA
NÃO É NECESSÁRIO SELAR

O SELO SERÁ PAGO POR

AC AVENIDA DUQUE DE CAXIAS
01214-999 São Paulo/SP

— — — — — — — — — — dobre aqui - — — — — — — — — — —

CADASTRO PARA MALA-DIRETA

Recorte ou reproduza esta ficha de cadastro, envie completamente preenchida por correio ou fax, e receba informações atualizadas sobre nossos livros.

Nome: _____ Empresa: _____
Endereço: ☐ Res. ☐ Coml. _____ Bairro: _____
CEP: _____ - _____ Cidade: _____ Estado: _____ Tel.: ( ) _____
Fax: ( ) _____ E-mail: _____ Data de nascimento: _____
Profissão: _____ Professor? ☐ Sim ☐ Não Disciplina: _____

1. Você compra livros:
- ☐ Livrarias
- ☐ Feiras
- ☐ Telefone
- ☐ Correios
- ☐ Internet
- ☐ Outros. Especificar: _____

2. Onde você comprou este livro? _____

3. Você busca informações para adquirir livros:
- ☐ Jornais
- ☐ Amigos
- ☐ Revistas
- ☐ Internet
- ☐ Professores
- ☐ Outros. Especificar: _____

4. Áreas de interesse:
- ☐ Psicologia
- ☐ Saúde e Vivências
- ☐ Crescimento interior
- ☐ Depoimentos
- ☐ Astrologia
- ☐ Comportamento

5. Nestas áreas, alguma sugestão para novos títulos? _____

6. Gostaria de receber o catálogo da editora? ☐ Sim ☐ Não
7. Gostaria de receber o Ágora Notícias? ☐ Sim ☐ Não

Indique um amigo que gostaria de receber a nossa mala-direta

Nome: _____ Empresa: _____
Endereço: ☐ Res. ☐ Coml. _____ Bairro: _____
CEP: _____ - _____ Cidade: _____ Estado: _____ Tel.: ( ) _____
Fax: ( ) _____ E-mail: _____ Data de nascimento: _____
Profissão: _____ Professor? ☐ Sim ☐ Não Disciplina: _____

Editora Ágora
Rua Itapicuru, 613 7° andar 05006-000 São Paulo - SP Brasil Tel.: (11) 3872-3322 Fax: (11) 3872-7476
Internet: http://www.editoraagora.com.br e-mail: agora@editoraagora.com.br